夏　勇　　朱雪菲　著

图画与符号

良渚原始文字

良渚文明丛书

Liangzhu Civilization Series

Painting and Symbol

Primitive Characters of
Liangzhu

ZHEJIANG UNIVERSITY PRESS

浙江大学出版社

图书在版编目（CIP）数据

图画与符号：良渚原始文字 / 夏勇，朱雪菲著. —
杭州 ：浙江大学出版社，2019.7（2023.12重印）
（良渚文明丛书）
ISBN 978-7-308-19173-9

Ⅰ．①图… Ⅱ．①夏… ②朱… Ⅲ．①良渚文化—器
物纹饰（考古）—研究 Ⅳ．①K879.04

中国版本图书馆CIP数据核字（2019）第099017号

图画与符号：良渚原始文字

夏 勇 朱雪菲 著

出 品 人	鲁东明
策 划 人	陈丽霞
丛书统筹	徐 婵 卢 川
责任编辑	罗人智
责任校对	闻晓虹 萧 燕
装帧设计	程 晨
排 版	杭州林智广告有限公司
出版发行	浙江大学出版社
	（杭州市天目山路148号 邮政编码 310007）
	（网址：http://www.zjupress.com）
印 刷	浙江省邮电印刷股份有限公司
开 本	880mm×1230mm 1/32
印 张	7.125
字 数	130千
版 印 次	2019年7月第1版 2023年12月第5次印刷
书 号	ISBN 978-7-308-19173-9
定 价	58.00元

总序　Preface

良渚与中华五千年文明

刘　斌

时间与空间真是奇妙的组合，当我们仰望星空，看到浩瀚的宇宙，那些一闪一闪的星星，仿佛恒久不变地镶嵌在天幕中。然而，现代科学告诉我们，光年是距离单位，宇宙深处星星点点射向我们的光线，来自遥远的过去。原来，时空的穿越，不过是俯仰之间。

考古，同样是这种俯仰之间的学问，由我们亲手开启的时光之门，将我们带回人类历史中每一个不同的瞬间。而距今 5000 年，就是一个特殊的时间点。

放眼世界，5000 年前是个文明诞生的大时代。世界上的几大流域，不约而同地孕育出早期文明，比如尼罗河流域的古埃及文明、两河流域的苏美尔文明、印度河流域的哈拉帕文明。那么，5000 年前的中华文明在哪里？这个问题困扰学界甚久。按照国际上通行的文明标准，城市、文字、青铜器……我们逐一比对，中国的古代文明似乎到出现了甲骨文的商代为止，便再难往前追溯了。

　　考古学上，我们把文字之前的历史称为"史前"。在中国的史前时代，距今 1 万年以来，在辽阔版图的不同地理单元中，就开始演绎出各具特色的文化序列。考古学上形象地称之为"满天星斗"。然而，中国的史前时代长久以来被低估了。一直以来，我们都是以夏商为文明探源的出发点，以黄河文明作为中华文明的核心，无形中降低了周围地区那些高规格遗迹遗物的历史地位，比如辽西的红山文化、江汉地区的石家河文化、太湖流域的良渚文化、晋南的陶寺文化、陕北的石峁遗址……随着探源脚步的迈进，我们才渐渐发现，"满天星斗"的文化中，有一些已然闪现出文明的火花。"良渚"就是其中一个特殊的个案。

　　大约在 5300 年前的长江下游地区，突然出现了一个尚玉的考古学文化——良渚文化。尽管在它之前，玉器就已广受尊崇，但在此时却达到空前的繁荣。与以往人们喜爱的装饰玉器不同，良渚人的玉器可不仅仅是美观的需要。这些玉器以玉琮为代表，并与钺、璜、璧、冠状饰、三叉形器、牌饰、锥形器、管等组成了玉礼器系统，或象征身份，或象征权力，或象征财富。那些至高无上的人被埋葬在土筑的高台上，配享的玉器种类一应俱全，显示出死者生前无限的尊贵。礼玉上常见刻绘有"神徽"形象，用以表达良渚人的统一信仰。这些玉器的拥有者是良渚的统治阶级，他们相信自己是神的化身，行使着神的旨意，随葬的玉器种类和数量显示出他们不同的等级和职责范围。我们在杭州余杭的反山、瑶山，常州武进的寺墩，江阴的高城墩，上海的福泉山等遗址中，都发现了极高等级的墓群。这就似乎将良渚文化的分布范围分割成不同的统治中心，呈现出小邦林立的局面。然而，历史偏偏给了余杭一个机会，在反山遗址的周围，越来越多的良渚文化遗址被发现，这种集中分布的遗址群落受到了良好的保护，使得考古工作得以在这片土地上稳步开展。到今天再来回望，这为良渚文明的确立提供了必要的前提。否则，谁会想到零星发现的遗址点，竟然是良渚古城这一王国之都的不同组成部分。

今天，在我们眼前所呈现的，是一个有 8 个故宫那么大的良渚古城（6.3 平方公里）。它有皇城、内城、外城三重结构，有宫殿与王陵，有城墙与护城河，有城内的水路交通体系，有城外的水利系统，作为国都，其规格已绰绰有余。除了文字和青铜器，良渚文化在各个方面均已达到国家文明的要求。其实，只要打开思路，我们会发现，通行的文明标准不应成为判断一个文化是否进入文明社会的生硬公式。青铜器在文明社会中承载的礼制规范的意义，在良渚文化中是体现在玉器上的。文字是记录语言、传承思想文化的工具，在良渚文化中，虽然尚未发现文字系统，但那些镌刻在玉礼器上的标识，也极大程度地统一着人们的思想，而大型建筑工事所反映出的良渚社会超强的组织管理能力，也透露出当时一定存在着某种与文字相当的信息传递方式。因此，良渚古城的发现，使良渚文明的确立一锤定音。

如今，良渚考古已经走过了 80 多个年头。从 1936 年施昕更先生第一次发现良渚的黑皮陶和石质工具开始，到今天我们将其定义成中国古代第一个进入早期国家的区域文明；从 1959 年夏鼐先生提出"良渚文化"的命名，学界逐渐开始了解这一文化的种种个性特点，到今天我们对良渚文明进行多领域、全方位的考古学研究与阐释，良渚的国家形态愈发丰满起来。这一系列丛书，主要是由浙江省文物考古研究所致力于良渚考古的中青年学者，围绕近年来杭州市余杭区瓶窑镇良渚古城遗址的考古发现与研究，集体编纂而成，内含极其庞大的信息量。其中，包含有公众希望了解的良渚古城遗址的方方面面、良渚考古的历程、良渚时期古环境与动植物信息、代表了良渚文明最高等级墓地的反山王陵、为人们津津乐道的良渚高等级玉器、供应日常所需林林总总的良渚陶器……还有专门将良渚置于世界文明古国之林的中外文明比对，以及从媒体人角度看待良渚的妙趣横生的系列报道汇编。相信这套丛书会激起读者对良渚文明的兴趣，从而启发更多的人探索我们的历史。

可能很多人不禁要问：良渚文明和中华文明是什么样的关系？因为在近现代历史的观念里，我们是华夏儿女，我们不知道有一个"良渚"。其实，这不难理解。我们观念里的文明，是夏商以降、周秦汉唐传续至今的，在黄河流域建立政权的国家文明，是大一统的中华文明。考古学界启动"中华文明探源工程"，为的就是了解最初的文明是怎样的形态。因此，我们不该对最初的文明社会有过多的预设。在距今 5000 年的节点上，我们发现了良渚文明是一种区域性的文明。由此推及其他的区域，辽西可能存在红山文明，长江中游可能存在石家河文明，只是因为考古发现的局限，我们还不能确定这些文明形态是否真实。良渚文明在距今 4300 年后渐渐没落了，但文明的因素却随着良渚玉器得到了有序的传承，影响力遍及九州。由此可见，区域性的文明实际上有全局性的影响力。

人类的迁徙、交往，从旧石器时代开始从未间断。不同规模、不同程度、不同形式的人口流动，造成了文化与文化间的碰撞、交流与融合。区域性的文明也是一个动态的过程。目前来看，良渚文明是我们所能确证的中国最早文明，在这之后的 1000 多年，陶寺、石峁、二里头的相继繁荣，使得区域文明的重心不断地发生变化。在这个持续的过程中，礼制规范、等级社会模式、城市架构等文明因素不断地传承、交汇，直至夏商。其实，夏商两支文化也是不同地区各自演进发展所至，夏商的更替，其实也是两个区域性文明的轮流坐庄，只是此时的区域遍及更大的范围，此时的文明正在逐鹿中原。真正大一统的中央集权国家，要从秦朝算起。这样看来，从良渚到商周，正是中华文明从区域性文明向大一统逐步汇聚的一个连续不断的过程，万万不可将之割裂。

2019 年 5 月于良渚

前言 Foreword

文字的起源，始终是历史学家、古文字学家、考古学家们长期执着关注的热点。因为文字的出现，象征着文明的开端，倒推文字发展的轨迹，我们似乎离文明之源越来越近。可惜，囿于没有发现比商代甲骨文更早的文字，我们连夏代的种种都看不太真切，更何况更早的史前。这就把良渚文明带向被质疑的边缘：没有文字的加持，文明何以为证？

在中国的古史传说里，文字是一个叫仓颉的上古大神所作。相传，仓颉是个重瞳的智者，辅佐著名的轩辕黄帝，他根据鸟兽行迹、天象变化等进行指事状物的描摹，创立了书写系统，也就是文字。这一举措成功地打破了蒙昧，引起天地间巨大的振动，惹得天降粟雨，而再也无法藏匿行迹的鬼怪惊怕得彻夜哭泣。

可传说毕竟是传说，但传说又不只是传说。传说是观念的一种反映，仓颉未必真有其人，但文字的创造与运用是为统治阶级所掌握的，这一点就未必不属实。另外，传说中还有几个方面也颇为可信。一方面，文字的创造是一种高等级的劳动，它很有可能不是日常生活生产中一些图案、符号自由演变的结果，而是需要一定的人员去进行综合归纳并赋予特定的意义，若非如此，文字的通行能力与规范作用就难以体现。另一方面，文字

仓颉像

仓颉像

的意义是极其重大的，传说里"祥瑞"的出现也正是对这一意义的渲染，当语言彷被记录，智慧得以最大程度地积累，其对原始社会的文明化进程无疑是巨大的推动。

那么，良渚到底有没有文字？读完这一册书，大概我们心里就有答案了。

目录 Contents

Painting and Symbol :

Primitive Characters of Liangzhu

图画与符号：良渚原始文字

第一章　关于符号的研究概述

一 符号与文字

为了读懂古人，我们热切地希望发现更多尘封的文献史料，比如，近代学术史上殷墟甲骨、汉晋简牍、敦煌藏经、明清档案这四大文书的发现，为证经补史增添了难能可贵的研究资料。同样，如果能发现史前时期的文字，我们得以解读的历史就将被延长，而关于早期文明的种种疑惑也将迎刃而解。

当然，这个重任落在了考古学家的肩上，毕竟，获得史前时期文字的途径依赖于考古发现。然而，大致在 20 世纪 80 年代中期以前，针对文字起源的讨论、史前时期符号与文字的关系，是由上古史学家、古文字学家率先进行的。

20 世纪 60 年代末 70 年代初，李孝定根据当时已有的五批陶文资料，发表《从几种史前和有史早期陶文的观察蠡测中国文字的起

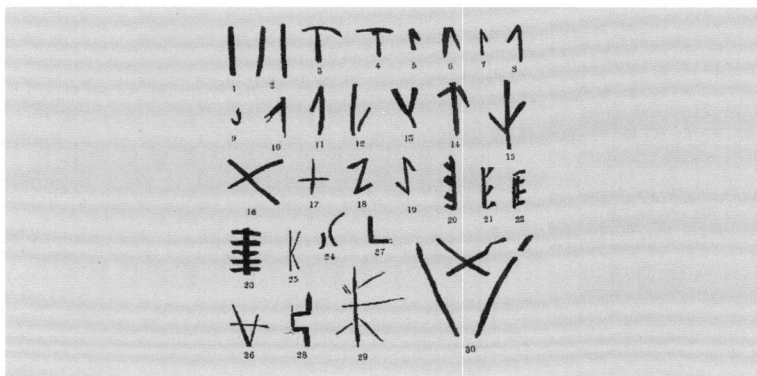

图 1-1　半坡遗址出土陶器上的刻符

源》[1]一文，指出半坡刻符（图 1-1）是中国已知最早的文字，年代约距今 3500—4000 年；首次提出中国文字起源单元论，五批陶文与甲骨文是同一系统的文字。郭沫若肯定了半坡彩陶上的刻画记号"就是中国文字的起源，或者中国原始文字的孑遗"[2]，并提出了族徽理论和指事、象形两大符号系统，指事的发生早于象形。于省吾也同样认为仰韶时代的一些刻画已可算作文字，历史有 6000 多年。[3]

① 李孝定：《从几种史前和有史早期陶文的观察蠡测中国文字的起源》，收于《汉字的起源与演变论丛》，台北：联经出版社，2008 年。原载于《南洋大学学报》1969 年第 3 期。
② 郭沫若：《古代文字之辩证的发展》，《考古学报》1972 年第 1 期。
③ 于省吾：《关于古文字研究的若干问题》，《文物》1973 年第 2 期。

  1974 年《大汶口：新石器时代墓葬发掘报告》出版，公布了山东莒县陵阳河、诸城前寨等遗址出土的大汶口文化刻符（图 1-2）。诸多学者都认为这些象形符号与中国文字有很大的关系，代表了文明起源的前夜，如邵望平、高广仁、彭邦炯和陈国强等。[①] 唐兰则认为其就是成熟的文字。[②]

  与立足于"文字说"的观点不同，裘锡圭认为史前记号可分为以几何形符号为主和以象形符号为主两种类型，新石器时代并不具备形成完整文字体系的条件。[③]

① 邵望平：《远古文明的火花——陶尊上的文字》；高广仁：《大汶口文化的社会性质与年代——兼与唐兰先生商榷》；彭邦炯：《是氏族社会，不是奴隶社会——就大汶口文化和唐兰先生商榷》；陈国强：《略论大汶口墓葬的社会性质——与唐兰同志商榷》。以上皆收入山东大学历史系考古教研室：《大汶口文化讨论文集》，济南：齐鲁书社，1979 年。
② 如唐兰在《从大汶口文化的陶器文字看我国最早文化的年代》《再论大汶口文化的社会性质和大汶口陶器文字——兼答彭邦炯同志》《中国奴隶制社会的上限远在五六千年前——论新发现的大汶口文化与其陶器文字，批判孔丘的反动历史观》（皆收于山东大学历史系考古教研室：《大汶口文化讨论文集》，济南：齐鲁书社，1979 年）诸文中多次强调了大汶口文化的六个符号已经是规格化了的文字，已有 5500 年的历史，是我国现行文字的鼻祖，可与殷周金文和甲骨文相对照。
③ 裘锡圭：《汉字形成问题的初步探索》，《中国语文》1978 年第 3 期。

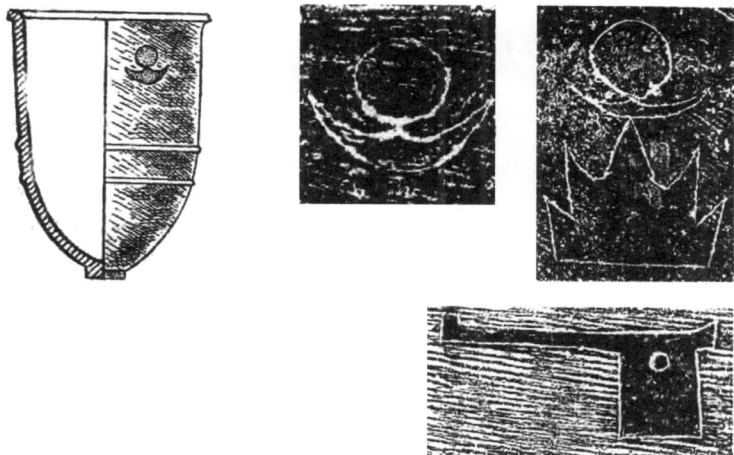

图 1-2　山东莒县陵阳河遗址出土刻纹陶缸和部分刻纹拓片

　　汪宁生从民族学材料出发，结合文献记载和考古资料，认为文字起源有三种方式，其并行发展、交错存在，并不是一条单线发展的道路。他认为"文字源于图画"的流行说法是不够全面的。根据已发现的材料来看，他认为只有二里头、吴城和台西村商代遗址中的陶器上的文字，才是最早的文字。[①] 也就是说，在新石器时代，还没有出现文字。

　　严汝娴在调查了分布于云南丽江等地的普米族社会后，赞同郭沫若关于指事系统先于象形系统产生的认识，但又认为半坡、姜寨的仰

---

① 　汪宁生：《从原始记事到文字发明》，《考古学报》1981 年第 1 期。

韶文化刻画 [①] 符号，可能与普米族的刻画符号相似，基本都是一种特定的记事符号，尚不是文字。[②]

高明认为新石器时代晚期诸多刻符均非文字，"汉字是受原始图画的启示而创造出来的，最早的字体是象形字，不是指事字" [③]。

20 世纪 80 年代中期以后，在古文字学界"符号说"与"文字说"对峙的情况下，越来越多的考古学家加入讨论，开始站在考古学角度来解释这些符号。例如，严文明对半坡类型的陶器刻符按照结构进行分类研究并作出解释，认为其"是用通盘设计的几大类具有内部逻辑关系的符号来代指几大类常见的或经常发生的事物" [④]；刘民钢通过对

......

① 学界使用"刻画"或"刻划"的皆有，两者并无太大区别。本书为了统一起见，均作"刻画"（引用文献名不改动），同时也用以呼应书名《图画与符号》。
② 严汝娴：《普米族的刻划符号——兼谈对仰韶文化刻划符号的看法》，《考古》1982 年第 3 期。文中提到她于 1981 年春至四川木里县依吉公社机素村调查时，发现一组近似图画文字的方位符号，她认为其已超越了刻符的范畴而属于图画文字了。此观点既有别于汪宁生认为的物件、符号和图画记事并行发展并无先后，也与当今的主流观点不符。
③ 高明：《论陶符兼谈汉字的起源》，《北京大学学报》（哲学社会科学版）1984 年第 6 期。
④ 严文明：《半坡类型陶器刻划符号的分类和解释》，《文物天地》1993 年第 6 期。

图 1-3　山东邹平丁公遗址出土刻文陶片

半坡仰韶符号的重新分类，将部分符号归于记数符号，有别于对数字符号的传统认识[1]。

　　而随着丁公陶文（图 1-3）、双墩刻符等考古资料的公布，学术界

----

[1]　刘民钢：《试论仰韶陶符》，《华夏考古》1997 年第 4 期。

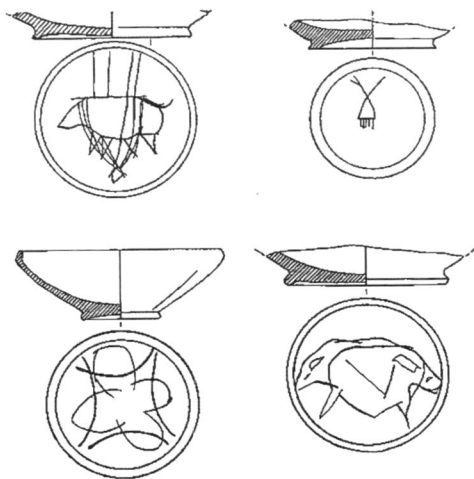

图 1-4　安徽蚌埠双墩遗址出土刻纹器底

的讨论又进入了一个高潮，但相比此前，古文字学界和考古学界的态
度都更为谨慎。比如，有学者认为双墩遗址的刻符（图 1-4）是一套
存在于新石器时代中期淮河中游地区的原始符号系统，是一种地域性
的文字，说明了中国文字的多源性起源和多元性发展。[1]

<hr />

[1]　王蕴智：《双墩符号的文化特征及其性质》，《中国海洋大学学报》（社会
科学版）2011 年第 5 期。

刘一曼认为文字起源研究争论不断，主要原因在于对文字的定义和研究方法的不同。她认为在仰韶文化及其以前，不存在原始文字产生的条件，当时出现的符号或图形，还不是文字，而龙山时代的陶寺文化则已处于从原始文字向成熟文字过渡的阶段。[①]

袁广阔等对河南地区所出刻符进行了全面的整理，从构形学出发，对符号进行了全新的分类，摒弃了传统带有表征意义类的词语和概念给符号定名和分类，意图避免拔高早期器物符号的学术价值，从符号学形体特征的视角考察其与文字起源的关系[②]。

总的来说，无论是哪方学者的观点，我们对史前时期原始文字的概念总是影影绰绰，仿佛抓到了一些线索，但还是无法达成共识。这是因为，文字之所以能被确认，关键仍然在于释读。而史前时期纵有所谓文字的存在，也多以一些孤立的符号形象出现，罕有可用以进行释读的参考或语境。

....

① 刘一曼：《对中国文字起源的几点看法》，中国社会科学院考古研究所、中国社会科学院古代文明研究中心编：《古代文明研究》第 1 辑，北京：文物出版社，2005 年。
② 袁广阔、马保春、宋国定：《河南早期刻画符号研究》，北京：科学出版社，2012 年。

得以保存至今的符号主要依赖于两种工艺形式，彩绘和刻画。也有两者的结合，如姜寨陶钵上的一个符号是在黑彩条带上刻绘的（图1-5）。无论哪种形式，符号的界定总不那么纯粹。在距今六七千年左右，以彩陶为风尚的那个时代，符号也可能充当某种形式的装饰素材，比如北首岭遗址出土尖底瓮外壁上的这几个图案（图1-6）、龙虬庄遗址出土彩陶残片上的这些图案（图1-7），都具有符号的形象，但不应看作单纯的符号或装饰，而应是用了一些表示特定意义的图符来装饰器物，刻画的情况也是类似的。史前时期的刻画工艺与彩绘技术不容小觑，在刻画技术成熟的早期，就有一批距今7000多年的湖南白陶（图1-8），以繁缛的刻纹展示出先民刻画工艺的精湛以及精神世界的奥妙。我们从直观上就能了解到，这些白陶的刻纹是兼有装饰效果和特殊意义的，其中，存在大量以圆圈造型的图案，具有了符号的形象。

实际上，仅仅作为符号而存在的刻画，往往出现在一些并不起眼的位置，如器物的底部、圈足的下部等。如此看来，对于符号我们应该这样认识。首先，符号的形象是一种提炼，符号与具体的象形图案要有所区别。其次，符号是一些意义的代表，而意义的种类有很多。最简单的意义是用符号来指代一个物体，比如这个符号代表山、那个符号代表太阳，复杂一些的话，也有可能指代一个事件。而既然符号

图 1-5　陕西临潼姜寨遗址刻符彩陶钵

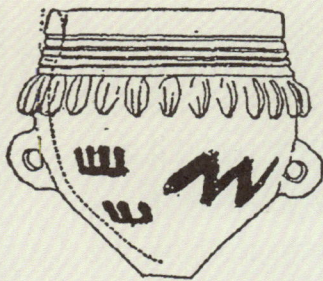

图 1-6　陕西宝鸡北首岭遗址出土彩陶瓮

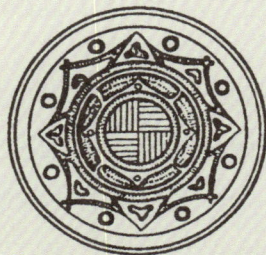

图 1-7　江苏高邮龙虬庄遗址出土彩陶残片

图 1-8　湖南刻纹白陶盘

不等于象形图案，那么，对于那些我们觉得像山、像日的符号，寻找它们的意义不排除仍然走错了方向。除了意义，还有功能。最接近真实情况的功能，应该是标记和装饰。标记的内容可能是归属、计量之类，而这在国内的考古发现中，也仅停留在推测的层面。装饰功能则比较容易判定，当然，不可能每种符号都有这个功能，具有装饰功能的符号往往具有更规整的形象，且融入了一定的装饰语境中。而这，恰恰奠定了我们揣摩符号意义的有力基础。

文字，其实也是一种符号，我们现在的文字不仅表意，而且还记录了读音，是一群系统化了的符号。从甲骨文发展到今天的汉字，六书的造字体系一以贯之，但是，如果在甲骨文之前，原始的文字并不遵循这套造字体系的话，除非发现中国的"罗塞塔石碑"（图1-9），按照中国古文字学的经验，必须承认，我们几乎不可能识别原始文字。

尽管如此，史前的中国，仍有一些符号从形式上突破了单纯的符号形象，如山东邹平丁公遗址出土陶文、江苏高邮龙虬庄遗址出土陶文（图1-10）、嘉兴平湖庄桥坟遗址出土石钺刻纹等，尽管对它们的释读还停留在"众说纷纭、不了了之"的地步，但谁也不能否认，它们有了文字一般的字、句、章格式。这是从形式上对更接近于文字的符号的识别。

图 1-9　罗塞塔石碑刻于公元前 196 年，是记载有古埃及国王托勒密五世登基及相关事迹
的大型玄武岩石碑。石碑上以三种不同文字刻写了同样的内容，其中最上部是古埃及象形文
字，中间是当时埃及平民使用的世俗体文字，下部是希腊统治下所要求的希腊文译版。这种
三语对照的独特写法，成为解读埃及象形文字的关键。

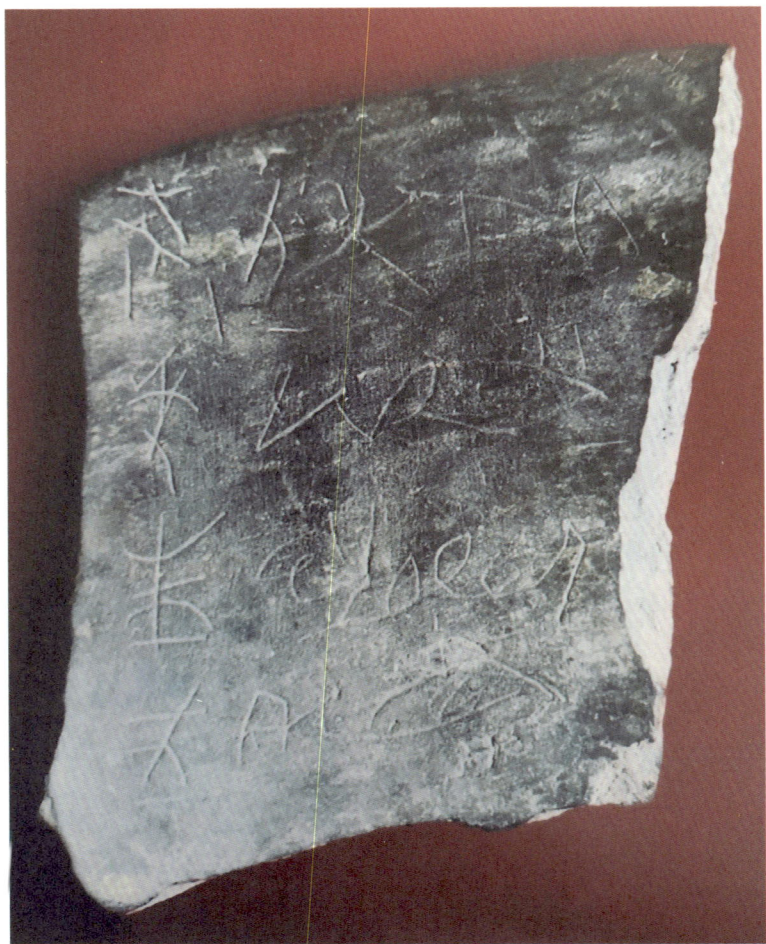

图 1-10　龙虬庄遗址出土刻文陶片

二　良渚文化刻画符号的发现与研究回顾

良渚文化刻画符号的发现与研究，起步较早，20 世纪 90 年代以前以资料的收录为主。在"良渚文化"命名之前，施昕更等学者就注意到良渚地区古文化遗物上有刻画符号的存在。施昕更发表于 1937 年的《远古文化遗址试掘简录》及次年的《良渚——杭县第二区黑陶文化遗址初步报告》中收录符号 5 个；同年，何天行出版《杭县良渚镇之石器与黑陶》，收录符号 4 个。

20 世纪 70 年代后，随着良渚文化遗存越来越多的发现，良渚文化分布区域内陆续出土了数量不等的刻画符号。90 年代前后，在良渚遗址群中，围绕着良渚古城的诸多中小型墓地和居址，以卞家山、庙前等遗址为代表，出土了大量带有刻画符号的陶器。嘉兴地区分布密集的良渚文化遗址，也多见陶器上的刻符和少量以石器为载体的刻符，并以平湖的庄桥坟墓地发现的刻符数量最为惊人。

在这期间，较为特殊的几次考古发现，直接推动了学术界对良渚文化刻画符号的认识。

第一，1974 年，苏州澄湖遗址出土了一件带有四个刻符的贯耳壶。

第二，1986 —1987 年，余杭南湖遗址出土了一批带符号的完整陶器，其中一件圈足罐上有一组连续的图画。

第三，1992 年，文物部门于余杭安溪百亩山征集到一件刻符玉璧，明确了高台立鸟符号确为良渚文化所有。随后上海福泉山遗址、余杭临平玉架山遗址、江苏兴化蒋庄遗址也陆续出土了同类刻符玉器。

随着良渚玉器刻符的确认，大量流散海外的玉器刻符资料在一些学者的研究论著中，逐渐被引入。邓淑蘋 1986 年发表的《古代玉器上奇异纹饰的研究》[1] 涉及了对良渚文化玉器上高台立鸟式符号的讨论，在《论良渚玉器上的神秘符号》[2] 中她全面介绍了 12 件良渚玉器上的符号，包括多件中国境外博物馆所藏玉器上的刻符。王华杰、左骏刊布了昆山少卿山遗址新发现的良渚文化刻符玉璧，对分散于海内

......

[1]　邓淑蘋：《古代玉器上奇异纹饰的研究》，台北《故宫学术季刊》1986 年 4 卷 1 期。
[2]　邓淑蘋《论良渚玉器上的神秘符号》，台北《故宫文物月刊》1992年第117期。

外的良渚文化刻符玉器研究做了一个初步的归纳。① 由江伊莉、古方主编的《玉器时代：美国博物馆藏中国早期玉器》全面、系统地介绍了美国所藏良渚文化刻符玉器。②

　　这些良渚刻符资料，引起学界热议。代表性的观点简述如下。

　　1990 年，张明华、王慧菊发表《太湖地区新石器时代的陶文》③，最早以环太湖流域为地理单元，集中讨论了崧泽、良渚两个时期的刻画符号。其认为良渚文化已出现了原始文字，陶文已脱离了具象的图画阶段，进入抽象的文字阶段；除陶文外，良渚文化还有一种存在于玉器上的徽记、徽号，因其较为具象，而不被认为具有文字特征；其他文化中，如半坡、大汶口的陶器刻符，是同良渚时代刻画于玉、石、陶器上徽记一样的符号，而不是文字。

① 王华杰、左骏：《昆山少卿山遗址新发现的良渚玉璧刻符》，《东南文化》2009 年第 5 期。
② 江伊莉、古方主编：《玉器时代：美国博物馆藏中国早期玉器》，北京：科学出版社，2009 年。
③ 张明华、王慧菊：《太湖地区新石器时代的陶文》，《考古》1990 年第 10 期。

1996 年，牟永抗发表《良渚文化的原始文字》[1]，列举了苏州澄湖，余杭南湖，上海马桥、亭林等遗址的陶符，以及良渚玉琮、玉璧上的符号，得出三点认识：第一，良渚文化的铭刻符号，可以分为象形符号和指事符号；第二，文中提及的符号在多例标本上互见，相同的符号在良渚文化和大汶口文化中互见，说明这些符号已经在相当广阔的地域中取得共识，并成为共同的交往媒介；第三，出现多符号的排列组合，有些符号上出现类似偏旁部首的结构，但仍很难判别是否具有表音的功能。

1997 年，钱玉趾对杭州余杭南湖、苏州澄湖、上海马桥遗址出土陶器刻纹和美国沙可乐（赛克勒）博物馆所藏进行了介绍和研究[2]，按照是否具有表达语言功能为准则，认为余杭南湖黑陶罐上的四个刻符和上海马桥宽把杯上的两个刻符可能是文字。沙可乐博物馆所藏的贯耳壶刻符则可以认为是文字。

....

① 载于余杭市政协文史资料委员会、余杭市文物管理委员会编：《文明的曙光——良渚文化》，杭州：浙江人民出版社，1996 年。
② 钱玉趾：《良渚文化的刻划符号及文字初论》，《苏州大学学报》（哲学社会科学版）1997 年第 2 期。

2002 年，方向明在谈及良渚庙前遗址制陶工艺时，归纳了刻符的一些规律："黑皮陶外表的刻画，均为烧后刻。夹砂质的较少，且容易崩缺；泥质的较细腻、流畅。一般硬的燧石、石英都可以用来刻画。刻画大多出现在豆、宽把杯、杯上。一些精细的刻画风格如同玉器上的纹饰，有筋力又飘逸，据推测这种刻画的作者应属于知识分子阶层。"[①]

2008 年，曹锦炎、方向明的《浙江地区史前刻画符号概述》[②] 对浙江地区器物上纹饰与符号的联系和区别、符号载体和刻法均有述及，提出纹饰与符号的界限，有时候是难以界定的。文中将收集的刻画符号分为四大类：笔画简单的指事性的非象形符号、象形符号、图画性质的表意性质符号和多个图像（或结合非象形的符号）。其后总结了目前刻符研究上的两种路线：一是古文字研究者偏重于追索原始文字与刻画符号之间的关系，重点在文字溯源；二是考古工作者侧重于刻符所表达的义，研究重点是探索"人"的所思所想。这些认识对

----

① 方向明：《良渚庙前制陶工艺点滴谈》，载于良渚文化博物馆编：《良渚文化论坛》，杭州：浙江古籍出版社，2002 年。
② 曹锦炎、方向明：《浙江地区史前刻画符号概述》，《中国考古学会第十一次年会论文集》，北京：文物出版社，2008 年。

于全国范围内的新石器时代符号研究均有很大的参考价值。

　　另有众多学者对良渚文化的刻画符号进行了专题研究，如李学勤的《试论余杭南湖良渚文化黑陶罐的刻划符号》①和《余杭安溪玉璧与有关符号的分析》②等多篇论述。董楚平连续对多个重要刻符进行了释读，如《良渚文化祭坛释义——兼释人工大土台和安溪玉璧刻符》③，由上海福泉山，余杭瑶山、汇观山等祭台遗迹说起，认为安溪出土的刻纹玉璧的层台刻符、高方柱体玉琮和祭台有着相同的思想内涵。2001年，董氏又发文释苏州澄湖黑陶罐上的4个刻符，认为是"方钺会矢"，即越国会盟，是良渚文化的军事会盟记录，甚至可能是建国文献。④高蒙河对良渚文化"个"形刻符的研究，认为其是宫室、房屋类的象形体现，进一步的可能性是立在高台上的建筑。⑤此文的

....

①　载于余杭市政协文史资料委员会、余杭市文物管理委员会编：《文明的曙光——良渚文化》，杭州：浙江人民出版社，1996年。
②　李学勤：《余杭安溪玉璧与有关符号的分析》，《文明的曙光——良渚文化》，杭州：浙江人民出版社，1996年。
③　董楚平：《良渚文化祭坛释义——兼释人工大土台和安溪玉璧刻符》，《浙江社会科学》1999年第3期。
④　董楚平：《"方钺会矢"——良渚文字释读之一》，《东南文化》2001年第3期。
⑤　高蒙河：《良渚文化"个"形刻划符号释意》，《上海大学学报》（社会科学版）1998年第5卷第2期。

价值在于通过对符号的研究，从考古学的角度以材料来论证材料，结合了符号产生的社会背景。

综上，对良渚文化刻画符号的研究，并没有突破学界对"符号"与"文字"关系的讨论。事实上，关于良渚文字存在与否的问题，不是一个简简单单的"是"或"否"之争。良渚文明形态的确立，凭借的是多方面因素的综合，文字只是文明形成的条件之一。但正如引言中所说，文字的创造与运用是为统治阶级所掌握的，即使在商代，文字其实也只是卜筮工具，是统治者与神沟通的媒介，而不是一般聚落中随处可见之物。在这个意义上，良渚玉器、神徽图案等一系列设计，就是为了达成人神互通的目的（详见本系列《土筑金字塔：良渚反山王陵》《法器与王权：良渚文化玉器》），在史前时期，良渚人的这类操作是空前的，他们建立了一个可以被释读的表征统一信仰的图画系统，对于他们而言，这或许已经具有了文字的意义。

在这套统一信仰的体系之外，刻画符号相比之下显得零碎，有赖于学界前辈们的归纳总结，我们可以区分不同的门类来认识。本书中就区分了表意的刻画符号与装饰性的刻画纹饰两大类，在不同功能的门类下体会良渚刻画的奥秘。

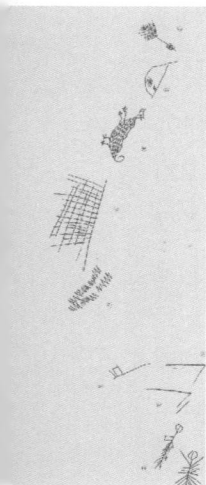

Painting and Symbol:
Primitive Characters of Liangzhu

图画与符号：良渚原始文字

第二章　表意的刻画符号

　　刻画符号的载体囊括陶、石、玉三类，以陶器所见为多，形态各异。说其表意，主要是针对下一章的刻画纹饰作出区别。本章内以"图符"这个概念代替了常规上比较广义的"符号"概念，继续区分为"符号式图符"和"图画式图符"两类，使得"符号"的概念狭义化，有助于从形式上作最直观的分类。其实，正如此前也有学者论述过的那样，这两类的界限并不十分明确，但在模糊界限的两边，确实各存在大量的符号并不容易与对方混淆，应该予以区别。

　　目前，研究刻画符号，形式是主要的切入点，载体器物上被刻画的部位和烧前或烧后的刻画步骤，还只能作为一些辅助信息，补充一些符号所在语境的潜在可能，对于解读符号内涵还没有直接的意义。

注：本章内所用插图，均来自于张炳火主编，良渚博物院编著：《良渚文化刻画符号》（上海：上海人民出版社，2015 年）这一图录中。

一　符号式图符

　　符号式图符，着重于"符"。我们明知其表意，却难以探求。其构成笔道较少，形态简单；同种符号会反复出现，但具体形态又往往有别，并没有与某一类器物的对应关系。目前，对同种符号的界定存在很大程度的主观臆测。

　　说到底，这些符号在良渚人心中的分类体系，我们很难掌握。一个符号有多少种意义，或者，不同的符号是否能相互替代而表达同一个意义，对此，我们更是一无所知。倘若对"符号式图符"进行分类，又应以什么样的标准作为分类准则，是一个需要不断尝试的过程。此中见仁见智，未有定论。

　　本节对"符号式图符"进行的分类，并没有严格的分类依据，而是通过几种不同的角度进行观察，提供一些思考的方向，仅供参考。

（一）计数式样的图符

　　良渚先民能够从事较为发达的稻作农业，能够修建大型的土木工

事，必定是掌握了必备的科学知识，对于四时物候、工程力学当有他
们自己朴素的理解。在制作重要礼器玉琮的时候，他们分明赋予了奇
偶数以一定的意义。而在这一切之上，应有一套适用于当时种种需要
的数学体系。其中，"计数"想必不可或缺。然而，我们不知道良渚
先民的计数方式，更不知道他们使用什么样的"进制"，有没有不同
"进制"混用的现象。我们对良渚的历法也没有头绪，不知道他们如
何纪年，如何表示历法周期。这就意味着，即使真有表示"数"的符
号，我们也难以用现在经验中的进制和历法周期去类比。

　　因此，目前还难以给出"计数符号"的定性归类，以下举例只是
在直观上接近我们经验中计数的形式。(见图 2-1 至 2-18)

图 2-1　罐（庄桥坟 M112：2　符号刻于罐底，烧前刻）

图 2-2　贯耳壶（花城 H6：29　符号刻于壶底，烧前刻）

图 2-3　双鼻壶（庄桥坟 M100：2　符号刻于圈足底，烧前刻）

图 2-4　残圈足（塔地 TS3E3 ⑪：49　符号刻于圈足内壁，烧前刻）

图 2-5　鼎足（庄桥坟 T201 ④：18　符号刻于足侧，烧前刻）

图 2-6　鼎足（庄桥坟 T201 ②：14　符号刻于足正面，烧前刻）

图 2-7　把手（庄桥坟 T201 ⑤：9　符号刻于把手外侧，烧前刻）

图 2-8　罐（庄桥坟 M162 : 20　符号刻于罐底，烧前刻）

图 2-9　带盖簋（金石墩 M3 : 8　符号刻于圈足底，烧前刻）

图 2-10　把手（塔地 TS3E4 ⑧：76　符号刻于把手外侧，烧前刻）

图 2-11　鼎足（庄桥坟 T303 ⑨：19　符号刻于足正面，烧前刻）

图 2-12　鼎足（庄桥坟 T201 ②：13　符号刻于足侧面，烧前刻）

图 2-13 盖鼎（高墩 M1：19 符号刻于盖钮顶部，烧前刻）

图 2-14 盖把手（塔地 TN8E6 ⑩：32 符号刻于把手外侧，烧前刻）

图 2-15 罐口沿（卞家山 T2 ⑫：13 符号刻于内壁，烧前刻）

图 2-16　鼎足（庄桥坟 T203 ⑥：12　符号刻于足正面，烧前刻）

图 2-17　罐（庄桥坟 M107：2　符号刻于内壁，烧前刻）

图 2-18　尊（南湖 87CS-660　符号位于肩部，烧后刻）

　　这些符号有一个明显的规律，就是笔画依次平行增加。尤其是一、二、三画的符号，出现频率较高，且载体器物的种类与施以刻画的部位基本雷同，这也表明至少这三个符号有较为匹配的意义。在甲骨文的计数中，"一""二""三""四"都是递增的线段，表示算筹的累加。在这里，四画与五画的符号，显然不如前者刻画得那么整齐，标本出现的频率也较低。这种差别如何理解？如果确实是数字符号的话，是否从"四"或"五"开始，计数的形式发生了变化？至于南湖陶尊肩部二十二道平行线段的刻画，就很难理解成"数"的延续了。至五画以后，依次平行递增笔画的现象更是明显罕见，顺着之前的推测，"五"或"五"以上的计数形式发生变化的可能性更大。甲骨文中"五"的形象是"✕"，同类形状良渚刻符的出现频率也较高（图 2-19、2-20）。

图 2-19　双鼻壶（庄桥坟 M75：12　符号刻于壶底，烧前刻）

图 2-20　残豆盘（卞家山 G2 ② : 181　符号刻于盘面，烧后刻）

　　在"⧖"存在的同时，类似的"X""十"形符号（见图 2-21 至 2-26）也非常普遍。由于这些大多刻于器物底部的符号缺乏正方向的识别标准，我们也不易判断哪些是"X"形，哪些是"十"形。或者说，在良渚人的概念里，只要是交叉的两条线段就代表相同的意义，不会再作区分。

图 2-21　残双鼻壶（卞家山 G1 ① : 137　符号刻于底部，烧前刻）

图 2-22　罐（庄桥坟 M6 : 7　符号刻于罐底，烧前刻）

图 2-23　盆（戴墓墩征集 00113，平湖博物馆馆藏　符号位于底部，烧前刻）

图 2-24　纺轮（达泽庙 M1：5　符号刻于纺轮正面，烧前刻）

图 2-25　鼎足（庄桥坟 T303 ③：15　符号刻于足正面，烧前刻）

图 2-26　把手（庄桥坟 T201 ②：12　符号刻于把手外侧，烧前刻）

倘若此类交叉符号是某一个基数，那么，在这个基数往上，表示更大的数字可以继续增加笔画或继续变形，如罗马数字从"Ⅴ"到"Ⅵ"再到"Ⅶ"。良渚刻符中隐约出现了类似的规律，如增加一笔的"Ⅻ"（图 2-27、2-28）和增加两笔的"≫"（图 2-29、2-30）。增加更多笔道的标本较为罕见，状如庄桥坟 M246：7 的这个符号（图 2-31），很难说是否还是这个规律的持续。

图 2-27　鼎足（塔地 TN4E5 ⑤：39　符号刻于足正面，烧前刻）

图 2-28　豆（塔地 M54：11　符号刻于底部，烧前刻）

图 2-29　残杯底（庙前 T0506 ⑥：61　符号刻于底部，烧前刻）

图 2-30　罐（庄桥坟 M268：1　符号刻于底部，烧前刻）

图 2-31　盆（庄桥坟 M246：7　符号刻于底部，烧前刻）

此外，接近于我们经验中，通过转换算筹的排列方式来表示递增数列里的某一个基数的形式，还有诸如"V"（图 2-32）、"$\perp$"（图 2-33 至 2-37）和"ψ"（图 2-38 至 2-41）。这几个符号也具有出现频率较高、载体器物普遍的特点。其中，"ψ"是两个"X"形的叠加，作为基数"X"的倍数，似乎也说得过去。

然而，关键的问题是，即使从"计数"的角度去观察这些符号，我们依然无法分辨出"$\boxtimes$""X""V""一""ψ"等符号中有哪几种基数，也没有理由去与"五""十""二十"之类进行类比。再者，如果真的是数字符号，我们就需要考虑这些不太显眼的数字刻符有什么作用。反之，如果可以有方法或证据证明器物上需要有系列数字与之匹配，也就有助于我们推断和释读刻符所代表的具体数字。当然，这样两种推论的方式，需要谨慎使用，否则很容易使人滑入循环论证的误区。就目前来看，这两种论证方法都还难以实践。

尽管如此，适当的推测可以不受拘束。说到"计数"，我们最容易想到的是陶器的个数，但是，如果要记录生产中陶器的个数，那就不应出现在每件陶器上，而应另有一套用以计数的算筹之类的工具。因此，陶器上出现计数式样的符号，其功能并不是计数，而是标记。标记的内容，应该和生产过程与分配有关。

图 2-32　罐（庄桥坟 M71：18　符号刻于罐底，烧前刻）

图 2-33　罐（庄桥坟 M94：3　符号刻于罐底，烧前刻）

图 2-34　圈足盘（庄桥坟 M143：6　符号刻于底部，烧前刻）

图 2-35　鼎足（卞家山 G1 ② : 109　符号刻于足侧面，烧前刻）

图 2-36　双鼻壶（庄桥坟 M100 : 10　符号刻于底部，烧前刻）

图 2-37　宽把杯（庄桥坟 M203 : 14　符号刻于底部，烧前刻）

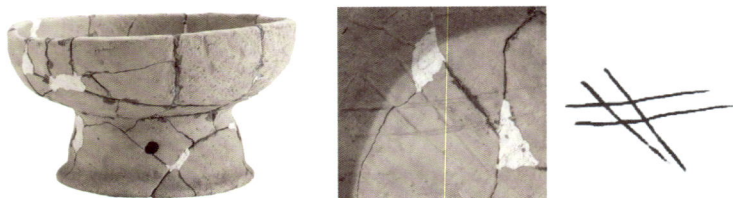

图 2-38　豆（仙坛庙 M156：8　符号刻于底部，烧前刻）

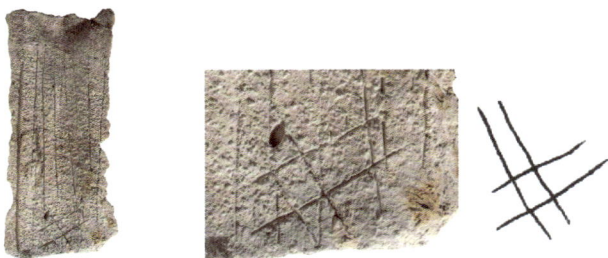

图 2-39　鼎足（塔地 TN4E3 ⑧：76　符号刻于足正面，烧前刻）

图 2-40　鼎足（庄桥坟 T203 ⑧：19　符号刻于足侧面，烧前刻）

图 2-41　豆（玉架山 M337：6　符号刻于圈足壁内侧，烧前刻）

（二）计数式样的变形

　　承接上述内容，当这些计数式样的符号稍加变形，且不说其内涵发生了怎样的变化，就形式上看能否归为同类都很难说清。比如，刻一道弯弧和上述"一"字形的直线段是否为同一个符号？交错排列的三画与平行排列的"三"字形是否为同一个符号？诸如此类。

　　首先看"一"的由直变弯。如果可以证明弧线段与直线段是同一种符号，那两者所表示的意义就可以说基本一致。例如，庄桥坟 M110：1 的这段弧线（图 2-42）刻在壶底正中，从形式上可以看成与直线段同为"一"的符号，而仅仅是笔道稍显弯曲。可一旦刻的部位发生了变化，就很难一概而论。例如，庄桥坟 M133：5 的刻符（图 2-43）有意识地刻在了罐底边缘，且以曲拱正对中心，这一做法与分割圆周形成对称图案的刻纹有些许关联，如昆山 M42：3 的这件纺轮（图 2-44）。在本书的分类里，此类刻纹与其称为符号，不如归入装饰性刻纹。只是，在庄桥坟 M133：5 底只见一个笔道，还没有理由认为它是某种尚未完成的构图。

图 2-42　双鼻壶（庄桥坟 M110：1　符号刻于壶底，烧前刻）

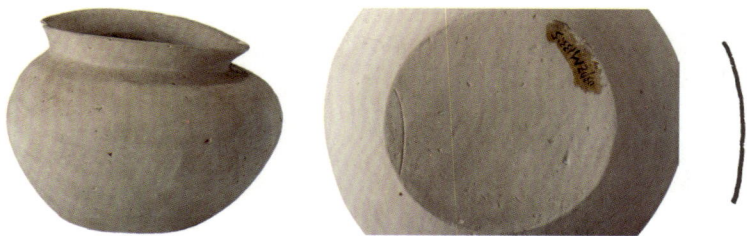

图 2-43　罐（庄桥坟 M133：5　符号刻于罐底，烧前刻）

图 2-44　纺轮（昆山 M42：3　烧前刻）

　　二画符号存在类似的问题，当两个平行短线段开始彼此远离（图 2-45），是否还与此前的"二"有类似的意义？而像卞家山 G2⑩：180 肩部的对弧形（图 2-46），则更像是需要引起人注意的图案。塔地 TN4E4 ③：16 壶底的符号（图 2-47）是两组笔道更多的对弧，几乎布满整个壶底，两侧笔道并不严格对称，至少说明在表示对弧的意义上，与卞家山 G2⑩：180 类似。

图 2-45　豆（庄桥坟 H31：1　符号刻于底部，烧前刻）

图 2-46　罐残片（卞家山 G2⑩：180　符号刻于肩部，可能为压印）

图 2-47　壶（塔地 TN4E4 ③：16　符号刻于底部，烧前刻）

　　也 有 对 合 的 曲 线，卞 家 山 T2 ⑫：12（图 2-48）与 庄 桥 坟
T303 ②：14（图 2-49）所刻符号应为同一种符号，虽然意义不详，
但作为标记之用的功能应与上述计数式样的符号相差不远。而戴墓墩
M3：10 所刻两条对旋的曲线（图 2-50），则更有可能另成系列。仅
就形式上看，卞家山 T2 ⑫：12 的这类对合曲线刻画较为随意，尚没
有严格统一的规范。而戴墓墩 M3：10 的对旋曲线，是曲度、长短
掌握得极好的构图。其刻画于盆底接近中心的位置，符号性大于装饰
性。仅符号本身而言，是一种中心对称的旋动式样。

图 2-48　罐残片（卞家山 T2 ⑫：12　符号刻于底部，烧前刻）

图 2-49　鼎足（庄桥坟 T303 ②：14　符号刻于足侧面，烧前刻）

图 2-50　盆（戴墓墩 M3：10　符号刻于底部，烧前刻）

可以与之类比的，如卞家山 G2 ② B：41 外壁所刻（图 2-51），则是以直线构成的，还有以双钩线条表现的，如卞家山 T4 ⑫：64（图 2-52），与弧线所带来的旋动感明显不同。

除了曲直的不同，卞家山这两件标本均为烧后刻，且位于较为显眼的部位，这表明两者与戴墓墩 M3：10 的刻符属于不同的刻绘系统。虽然有类似的构图，但构图的来由可能并不一致。戴墓墩 M3：10 的"Ϛ"，由于没有更多情境，很难推测其来由。但对于卞家山的这两件标本，则可以做些推测。首先，两者为烧后刻，且载体为黑皮陶。烧后刻是良渚细泥黑皮陶上一种重要的装饰手法，这引导我们考虑卞家山的这两个符号刻绘的初衷，是否与装饰有关。从卞家山 G2 ② B：41 这种单个刻符的角度看，装饰效果不强。而卞家山 T4 ⑫：64 刻符的两端已残，我们不能确定该符号是否会向两侧继续延伸，但从其刻绘于豆盘中心的部位来看，也应为单独的图案，形成二方连续的装饰带的可能性不大。我们知道，良渚的刻纹装饰传统承自以刻绘编织纹样著称的崧泽时期，如果这两个符号与装饰功能有关而本身却又不具备装饰效果的话，则很有可能是截取自某种编织纹，并用其局部单元来指代主体或代表其他相关含义。

图 2-51　豆残片（卞家山 G2 ② B：41　符号刻于外壁，烧后刻）

图 2-52　残豆（卞家山 T4 ⑫：64　符号刻于豆盘内侧，烧后刻）

　　塔地 M54：9 这件尊底部的符号（图 2-53），是三条略带弧度交错排列的线段，显然很难再与"三"字形的刻符视作同类，而这种有意识的上下或左右交错排列，会使人联想到指示方位之类的意义。庄桥坟 T202 ⑥：11 的三道平行弧线（图 2-54）靠近罐底边缘，顺着罐底圆周的方向，刻画得较均匀，倒是与"三"字形的符号类似。

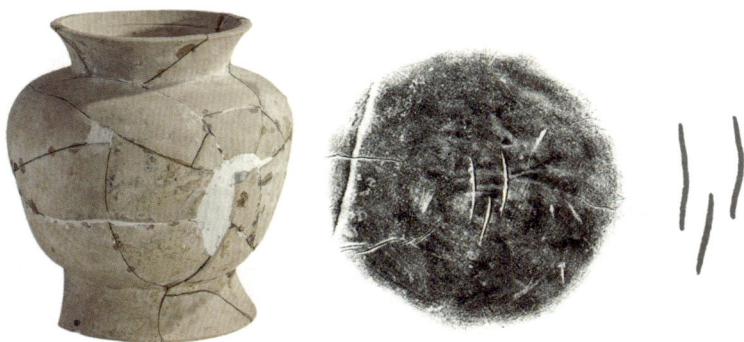

图 2-53　尊（塔地 M54：9　符号刻于底部，烧前刻）

图 2-54　罐底残片（庄桥坟 T202 ⑥：11　符号刻于罐底，烧前刻）

　　"Ⅴ" 如果从某一个基数的方向去考量，需要有在 "Ⅴ" 的基础上依次增加笔画的符号与之匹配。目前来看，庄桥坟 T303 ⑧：17（图2-55）或金石墩 M8：12（图 2-56）这种增加一画的情况较为明显，其余不详。然而，与 "Ⅴ" 类似带尖角的符号，有很多变形。庄桥坟 T301 ③：10（图 2-57）的这类，将一侧的射线拉长，分明与两边射

图 2-55　罐底（庄桥坟 T303 ⑧：17　符号刻于罐底，烧前刻）

图 2-56　簋（金石墩 M8：12　两个符号相同，分别刻于捉手与簋底，烧后刻）

线均等的"𝄁"形符号分属不同的形式；戴墓墩采集 017 的这类（图 2-58 至 2-60），形似弯月；戴墓墩 M3：9 的这类（图 2-61、2-62）形似树杈。如果存在一套计数形式的标记体系的话，那这些变形应属于另外的标记体系。

图 2-57　罐颈残片（庄桥坟 T301 ③：10　符号刻于颈部内壁，烧前刻）

图 2-58　罐（戴墓墩采集 017　符号刻于罐底，烧前刻）

图 2-59　罐颈部（庄桥坟 T302 ⑦：9　符号刻于颈部内壁，烧前刻）

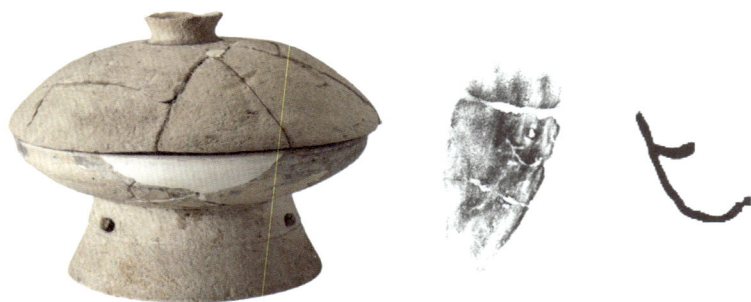

图 2-60　盖豆（庄桥坟 M61：3　符号刻于盖内，烧后刻）

图 2-61　罐（戴墓墩 M3∶9　符号刻于罐底，烧前刻）

图 2-62　鼎足（新地里 T601 ④　符号刻于足侧面，烧前刻）

　　"X"与"⋈"形符号，在良渚刻符体系里很难区分。在"X"形的基础上，依次增加封闭的线段，就会出现"⋊"（图 2-63）、"⋉"、"⋈"（图 2-64）和"⋈"（图 2-65）。如果这些符号自成系列，那就很可能是 5 个成组的系列概念，比如"东西南北中"的方位概念。如此，那就与推测"X"与"⋈"形符号为计数符号相矛盾。但良渚时期，是否存在不同语境下用类似的符号表达不同意义的做法，尚不得而知。但如果推测成立，同一个符号有可能既表示数量又表示方位。

图 2-63　鼎足（卞家山 G2 ① : 174　符号刻于足侧面，烧前刻）

图 2-64　缸残片（广富林 H93：57　符号刻于口沿内壁，烧前刻）

图 2-65　单把杯（庄桥坟 M270：3　符号刻于杯底，烧前刻）

图 2-66　罐底残片（庄桥坟 T204 ⑤：16　符号刻于器底内壁，烧前刻）

图 2-67　盆（庄桥坟 M243：3　符号刻于盆底，烧前刻）

　　说到方位，庄桥坟 T204 ⑤：16（图 2-66）和庄桥坟 M243：3（图 2-67）上都有一种很类似的符号，唯有中间的短竖线方向不同。巧合的是，庄桥坟 T204 ⑤：16 的符号刻于罐的内壁，也就是朝上的方向，而庄桥坟 M243：3 的符号刻于盆底，也就是朝下的方向。在没有其他同类符号佐证的情况下，不妨推测，这两个符号或许有区分上下或者内外的意义。

图 2-68　鼎足（庄桥坟 T103 ⑦：11　符号刻于足侧，烧前刻）

　　"╳"这种通过交叉符号叠加后又形成的符号，有更丰富的变形。庄桥坟 T103 ⑦：11（图 2-68）中两个交叉符号略有间隔，与"井"字形的结构有明显的区别。如果一个"X"可以表示一个基数，那它的两倍是用两个分开的"X"还是一个"井"字形来表示，更容易使人理解呢？如果是 3 倍，是否存在某种形式使得 3 个"X"的叠加呈现出某一种规律性？不得不说，这个规律性很难把握。仙坛庙 M133：4

图 2-69　鼎（仙坛庙 M133：4　两个符号分别刻于两足足侧，烧前刻）

（图 2-69）的两个鼎足上都有交叉符号，如果在同一个鼎的鼎足上刻
画相同的符号是前提的话，那么这两个符号就一定会遵循同一种构图
逻辑。虽然从整体形式看没有太大的区别，但其一可以明显看出 3 个
"X"的叠加，而另一个略潦草，提炼不出 3 个"X"。换一种思路，将
这两个符号看作是两组线段的交叉，每组线段有 3 道，则刚好满足对
这两个符号的概括。因此，形式上看都是交叉线段组成的符号，构图
逻辑未必统一，其构图元素可能是单一的"X"，也可能是笔道不等的
线段组。

图 2-70　双鼻壶（庄桥坟 M221：5　符号刻于壶底，烧前刻）

　　交叉线段的另一种重要变形是框形结构，正方形（图 2-70）、长方形以及一般的平行四边形（图 2-71）皆有发现。此类符号的构图逻辑也有多种可能，造成了归类的困难。框形结构内再填入一个交叉符号的情况也较常见，除了对角线交叉的"⊠"外，还有平行线交叉的"田"字形（图 2-72、2-73）。汉语的"田"字本身就是象形字，模拟被田埂分割的田块，象征土地、财富。良渚时期倒是有了稻作农业，也发现了水稻田，只是我们并不确定良渚人的概念里有没有为水稻田创造一个象形文字。"田"字的符号与前述符号在标记的功能上，显示不出有什么差别。

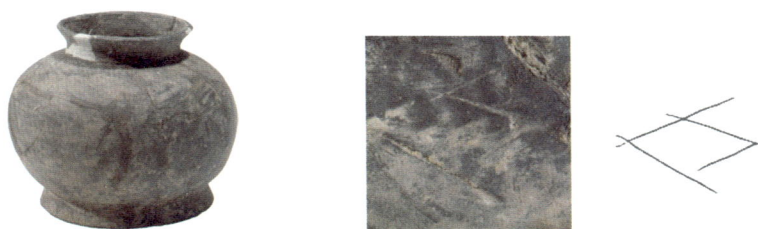

图 2-71　罐（玉架山 M171：5　符号刻于罐底，烧后刻）

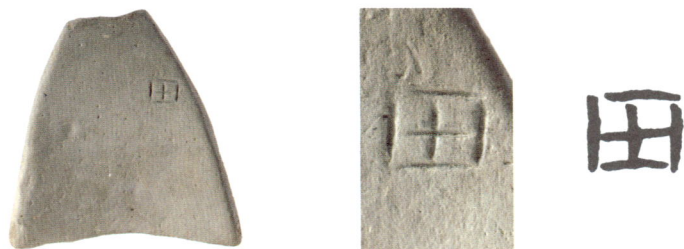

图 2-72　罐残片（新地里 G1 ②：114　符号刻于内壁，烧后刻）

图 2-73　鼎（金石墩 M9：10　符号刻于足侧，烧前刻）

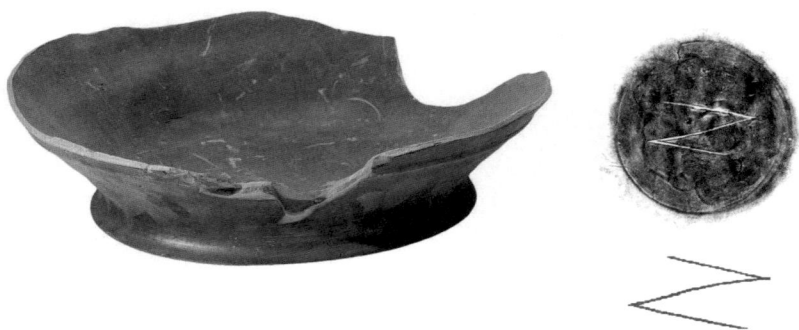

图 2-74　残罐底（庙前 J1 ① : 5　符号刻于底部，烧前刻）

（三）中心对称的式样

　　无论是以直线还是以曲线来造型的符号，都有一些具有中心对称性质的形状（图 2-74 至 2-76）。有的图案位于器底的正中，有的并不居中。和其他符号一样，同样是位于隐蔽的位置，中心对称体现的一些美感，显然也不是用来展示的。像庙前 G1 ① : 19（图 2-77）和戴墓墩 01PD 采 -2（图 2-78）这样的符号，有很强的动感，尽管不知其意，但总能使我们联想到"旋转"这个动态。

图 2-75　罐（戴墓墩 01PD 采 -3　符号刻于底部，烧前刻）

图 2-76　盆（庄桥坟 M249：3　符号刻于底部，烧前刻）

图 2-77　残圈足（庙前 G1 ①：19　符号刻于底部，烧前刻）

图 2-78　双鼻壶（戴墓墩 01PD 采 -2　符号刻于底部，烧后刻）

（四）似可名状的图符

　　"符号式图符"中的这一类，大概就是与"图画式图符"最不容易区分的了。直观上看，这类图符有一些象形的意味，但具体模拟了什么物体，并不能够一目了然。因为这些图符，仍然没有太多的笔道。笔道简练，必然会在表达具象的事物上受到限制。因此，称之为"似可名状"。而一旦想要坐实它所模拟的对象，则还需要经过合理论证。

　　最有代表性的就是庙前 T0607 ②：26（图 2-79）、庄桥坟M50：10（图 2-80）等标本上的"鸟"的形象。拿线条来类比，庙前 T0607 ②：26、庄桥坟 M30：4（图 2-81）、庄桥坟 M50：10、新地里 G1 ②：118（图 2-82）、戴墓墩 M2：1（图 2-83）上的符号，与我们经验中鸟的简笔画相差不远，但如果直接理解成鸟，又缺少点说服力。况且，这几种符号在细分之下，差别明显。庙前 T0607 ②：26 与庄桥坟 M30：4 的符号，刻在器底，如果表示鸟的形象，也很难说是哪一类型的标记。而后三者的符号刻于醒目的位置，尤其是新地里 G1 ②：118 和戴墓墩 M2：1，符号上出现一些绘画式的潦草线条，与庄桥坟 M50：10 相比，可能尚存在着一些定性的差别。并且，这两件器物的符号还遵循着一定的排列规律，就有了装饰的意味。

图 2-79　残罐底（庙前 T0607 ② : 26　符号刻于罐底，烧前刻，推测符号中的两个圆弧为管状工具压印出）

图 2-80　残三足盘（庄桥坟 M50 : 10　各足外侧分别刻有一个相同的符号，烧前刻）

图 2-81　双鼻壶（庄桥坟 M30：4　符号刻于底部，烧后刻）

图 2-82　三足盘残足（新地里 G1 ② ：118
足外侧刻有三个连续的相同符号，烧前刻）

图 2-83　器盖（戴墓墩 M2：1　器盖顶上四个相同的符号两两相对，烧前刻）

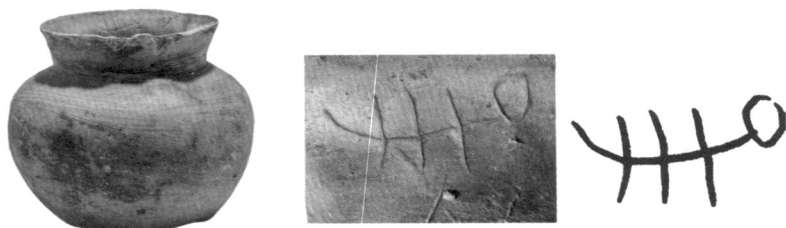

图 2-84　罐 [太史淀（集）010-10　符号刻于
口沿内壁，烧前刻]

图 2-85　罐口沿（卞家山 G2 ②：179　符号刻于
口沿内壁，烧后刻）

　　太史淀（集）010-10（图 2-84）与卞家山 G2 ②：179（图 2-85）
的符号刻于罐口沿内壁，就有了如图所示的正置方向。似鱼非鱼，似
虫非虫。虽然说不清具体像什么，但总比计数式样的符号更具象。这
也就是这一类符号给人的总体感觉。

图 2-86　双鼻壶（董家桥 J8：1　壶上有两个符号，分别位于器盖和颈部，为烧后刻。两者形态类似，且应以颈部图案为该图案的正置状态）

植物的形态是古人刻绘时的一种常见题材，如董家桥 J8：1（图 2-86）、新地里 H36 ②：72（图 2-87）、新地里 T305 ④（图 2-88）、庄桥坟 M155：1（图 2-89）这四件标本上的五个符号。上部类似，均是枝杈向上的形态，下部有所不同。从简单的类比与推测来看，认为是表现植物的观点，受到较多认同。但植物的门类太过广泛，很难具体化。

图 2-87　罐残片（新地里 H36 ② : 72　符号刻于肩部，烧前刻）

图 2-88　残鼎足（新地里 T305 ④　符号刻于足正面，烧前刻）

图 2-89　盘（庄桥坟 M155 : 1　符号刻于底部，烧后刻）

图 2-90　残豆座（庄桥坟 T203 ⑥：67　符号刻于底部，烧前刻）

图 2-91　残双鼻壶（庄桥坟 M181：1　符号刻于颈部，烧后刻）

　　无论如何，上述表现植物的形态更像整株的，而庄桥坟 T203 ⑥：67（图 2-90）、庄桥坟 M181：1（图 2-91）、美人地 T3946 房基 2B-9A（图 2-92）、塔地 TS5E1 ⑤：60（图 2-93）、塔地 TS2E4 ③：69（图 2-94）这几件标本上的符号，更像是折下的一根树杈。而树杈又可能是人们需要的某种工具，树杈还有很不规则的形态，即使做此类比，也确实难有着手之处。

图 2-92　罐（美人地 T3946 房基 2B-9A　符号刻于底部，烧前刻）

图 2-93　鼎足（塔地 TS5E1 ⑤：60　符号刻于足正面，烧前刻）

图 2-94　鼎足（塔地 TS2E4 ③：69　符号刻于足正面，烧前刻）

　　另一种常见题材，或者说，常见的用以阐释图符的题材，是日月星辰之类的天文图案。论证的方法依然是外形的类比，没有太多实质性的证据。如果按照这一思路，庄桥坟 M79：9（图 2-95）、庄桥坟 T302 ⑦：11（图 2-96）这类符号，就有了弯月的形状，但在庙前 T0909 ②上：6（图 2-97）上，类似的半圆形中间加了一道竖线，俨然一幅"箭在弦上"的图景。塔地 TS3E1 ⑥：65（图 2-98）、庙前 T103 ②：11（图 2-99）这类圆圈符号，实在过于简单，太阳的形象固然是一种类比的方向，但可以与圆圈做类比的形象又何止太阳一种。

图 2-95　罐（庄桥坟 M79：9　符号刻于底部，烧前刻）

图 2-96　罐残片（庄桥坟 T302 ⑦：11　符号刻于颈内壁，烧前刻）

图 2-97　杯残片（庙前 T0909 ②上：6　符号刻于底部）

图 2-98　罐（塔地 TS3E1 ⑥：65　符号刻于底部，烧前刻）

图 2-99　簋形器（庙前 T103 ②：11　符号刻于底部，烧前刻）

图 2-100　罐残片（塔地 TN4E5 ⑤：46　符号刻于
颈内壁，烧前刻）

　　反 而 塔 地 TN4E5 ⑤：46（图 2-100）、庙 前 G3 ②：482（图
2-101）、卞家山 G1 ②：116（2-102）、庄桥坟 M245：4（图 2-103）、
塔地 TN6E6 ②：7（图 2-104）这些符号，以圆圈为主，辅以其他线
条，有着比单独圆圈更具体的表达。延续天文图像的阐释逻辑，这些
符号或许有天文现象的意义，但我们同样不能求证。

图 2-101　残罐口（庙前 G3 ② : 482　符号刻于颈内壁，烧后刻）

图 2-102　罐残片（卞家山 G1 ② : 116　符号刻于内壁，烧后刻）

图 2-103　双鼻壶（庄桥坟 M245：4　符号刻于底部中心，烧后刻）

图 2-104　缸残片（塔地 TN6E6 ② : 7　符号刻于内壁，烧前刻）

图 2-105　罐残片（庙前 H3 ①：121　符号刻于口沿内壁，烧前刻）

庙前 H3 ①：121（图 2-105）、庄桥坟 M58：11（图 2-106）、马家坟 G1：48（图 2-107）这三个符号，可能表现了一些装柄带刃的工具甚至武器，类似于锄、镰、钩戟之类。卞家山 G1 ②：56（图 2-108）、仙坛庙 M156：1（图 2-109）这两个"个"字形，可能有箭镞的意义。卞家山 G1 ③：338（图 2-110）的符号，则像一个回旋飞镖，而从文物上可印证的角度出发，这个形状更像是常见于墓葬内、装饰于脚部的鹿角靴形器。

尽管做了诸多类比，这些似可名状的图符与"图画式图符"依然有很大的差距，那就是不够具象。因为，在有限的笔道内，无法完成图画式的描摹。

图 2-106　罐（庄桥坟 M58：11　符号刻于底部，烧前刻）

图 2-107　罐残片（马家坟 G1：48　符号刻于底部，烧前刻）

图 2-108　罐底残片（马家坟 G1 ② : 56　符号刻于底部，烧前刻）

图 2-109　圈足罐（仙坛庙 M156 : 1　符号刻于底部，烧前刻）

图 2-110　残罐口（卞家山 G1 ③ : 338　符号刻于颈部内壁，烧后刻）

图 2-111　罐（戴墓墩采集 02　此图为罐底的两组刻符，烧前刻）

（五）组合图符

　　图符一旦成组出现，原则上，对于理解是比较有利的。因为组合提供了一种简单的语境，组合出现的符号彼此相关，这有助于理解不同形态符号的创作逻辑和符号的组合规律。但原则上的成立和实际研究的可行性还是有距离的。下列标本所刻，都是一些组合符号，像戴墓墩采集 02（图 2-111）、庄桥坟 T301 ⑤：9（图 2-112）、塔地 TN6E5 ⑤：25（图 2-113），是两个计数式样的符号的组合，这更容易令这些符号被视为同一类别，又会使人联想到数位、进制这些相关问题，遗憾的是仍然无从解答。

图 2-112　鼎足（庄桥坟 T301 ⑤：9　符号刻于足侧面，烧前刻）

图 2-113　鼎足（塔地 TN6E5 ⑤：25　符号刻于足正面，烧前刻）

　　目前，想根据组合关系释读符号，还是难以实现。当前可以做的是积累这些组合符号材料，根据组合关系研究符号之间的组合状况，再进一步推演出符号的类别（参见图 2-114 至 2-127）。从考古学的角度讲，这是一种以符号为研究对象的类型学方法。

图 2-114　腹片（卞家山 G2 ⑧：178　符号刻于
外壁，烧后刻）

图 2-115　残豆圈足（卞家山 G1 ②：334　符号刻于
外壁，烧后刻）

图 2-116 残杯（庙前 T203 ③：1 符号刻于底部，烧前刻）

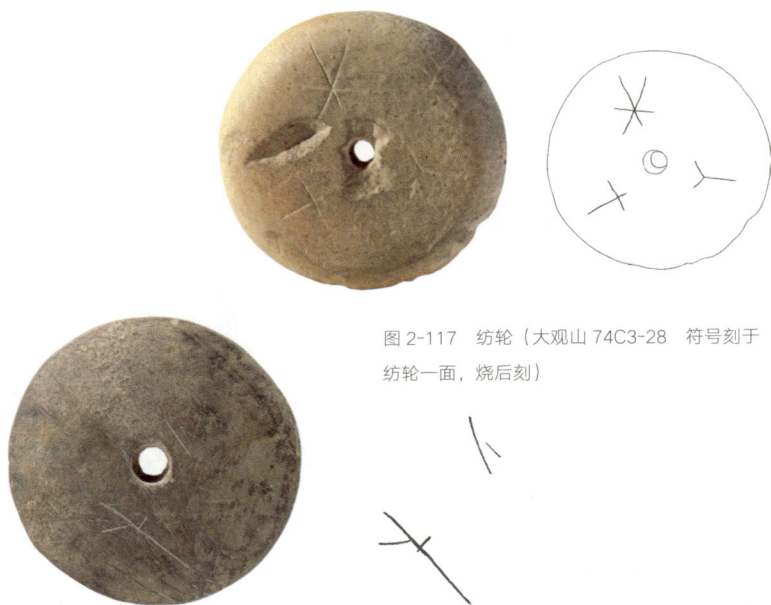

图 2-117 纺轮（大观山 74C3-28 符号刻于纺轮一面，烧后刻）

图 2-118 纺轮（大观山出土 良渚博物院馆藏号 0255 符号刻于纺轮一面，烧后刻）

图 2-119　双鼻壶（庄桥坟 M100∶9　符号刻于
底部，烧后刻）

图 2-120　贯耳壶（太史淀 TJ4∶1　符号刻于
腹部，烧前刻）

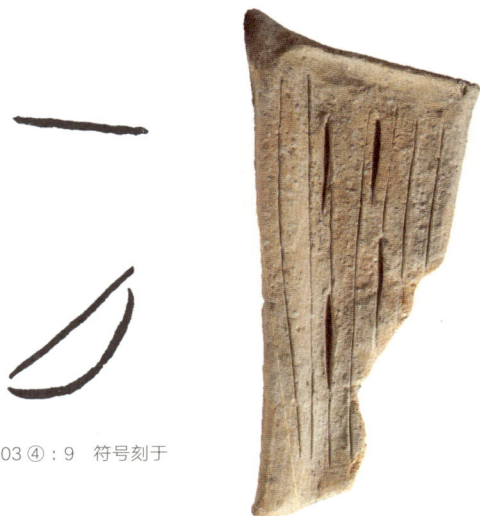

图 2-121　鼎足（庄桥坟 T203 ④：9　符号刻于足正面，烧前刻）

图 2-122　罐（戴墓墩　平湖博物馆藏　符号刻于底部，烧前刻）

图 2-123　罐底残片（新地里 G1 ② : 112　符号刻于底部，可能为烧后刻）

图 2-124　罐底残片（新地里 G1 ② : 111　符号刻于底部，烧前刻）

图 2-125　双鼻壶（戴墓墩 2001.11.17 采集　符号刻于底部，烧前刻）

图 2-126　双鼻壶（庄桥坟 M284：18　符号刻于盖内壁，烧前刻）

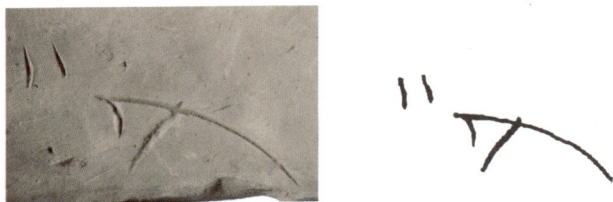

图 2-127　罐口沿（庙前 H9：21　符号刻于颈部内壁，烧前刻）

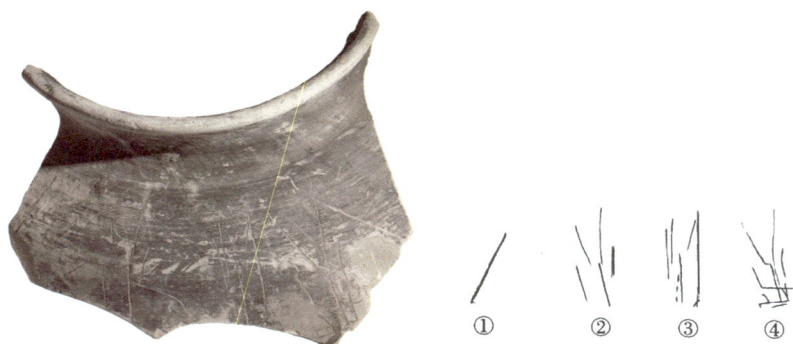

图 2-128　罐口沿（庙前 H16：17　肩部残见
四个符号，烧后刻）

图 2-129　残腹片（卞家山 G1 ⑥：333 和
G1 ④：335　符号刻于外壁，烧后刻）

庙前 H16：17（图 2-128）是四个符号的组合，但由于我们并不
了解当时的阅读顺序，也就不知道"一"形的短画是起头还是收尾。
由于是残片，这几个符号不完整，也不能确定还有没有其他符号共
存。卞家山 G1 ⑥：333 和 G1 ④：335（图 2-129）两个陶片可以拼
合，残见六个符号，其中四个符号都有残缺，但整体排列上似有分作
上下两行的形式。结合庙前的这件标本看，尽管我们不能释读，但这
些个体符号较多的符号组合，与纵向书写的古文字有所不同，更接近
于横向的书写顺序。

北湖 89C3-723（图 2-130）、庄桥坟 M256：18（图 2-131）也
是组合符号。与上述组合符号不同的是，将符号刻绘于豆盘盘面这一
显著的位置，有展示图案的用意。其中出现两两相对的"⌣"符号，
与新地里 G1 ②：118（见前图 2-82）和戴墓墩 M2：1（见前图 2-83）
所见是同一类型的符号。对于"⌣"符号的认识，学界比较认同阐
释为鸟的形象，当然这也是经过了学者们多番论证的结果。因此，北
湖 89C3-723 双鸟之间的重圈纹，或被认为太阳，或被认为眼睛，与
双鸟组配，可大做文章。庄桥坟 M256：18 双鸟之间是一些弯弯曲
曲、不甚规则的蠕虫般的形体，或可认其为龙的形体，这就使得符号
的意义可以被阐释。

图 2-130　豆（北湖 89C3-723　符号刻于盘面，烧后刻）

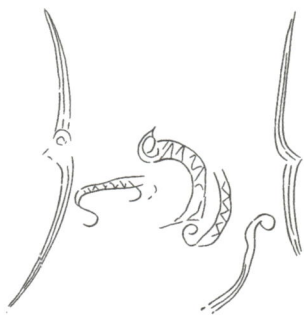

图 2-131　豆（庄桥坟 M256：18
符号刻于盘面，烧前刻）

图 2-132　残底（卞家山 T41 ⑫ : 134　符号
刻于底部，烧后刻）

（六）涂鸦式图符

目前，还很难说清烧前刻于陶坯与烧后刻于成品陶器上的图符有
什么本质区别。但陶器烧后质地坚硬，刻画难度更大，是肯定的。因
而，不知基于何种原因，一些烧后刻画的图符，成了主次线条不明显
的涂鸦作品。可能是刻画时走错了线条，或有修正或有划改，图符的
主体已不易分辨（如图 2-132 至 2-136）。

图 2-133　残底（卞家山 G1 ② : 75　符号刻于底部，烧后刻）

图 2-134　罐（戴墓墩采集 02　符号刻于腹部，烧后刻）

图 2-135　器盖（美人地 T3946F3-B15A　符号刻于盖内底，烧后刻）

图 2-136　纺轮（庄桥坟 M59：2　符号刻于纺轮一面，烧后刻）

二　图画式图符

图画式图符，着重于"画"，我们容易看出其所表达的意象。其通常以较多笔道，描摹具象的物体，但对于良渚人笔下的具象物体，我们有可能认识，也有可能不认识。这一点很重要，因为要与上一节中"似可名状的图符"做区别，不能因为不认识而将这些图符纳入"符号式图符"的范畴中，导致"符号式图符"的外延无原则扩大，从而不利于分类讨论。

然而，图画式图符的"具象"要区分不同的层次："具象可识而可解""具象可识而不可解""具象而不可识""具象不可识却可解"，还有就是"抽象可识而不可解"。

（一）具象可识而可解

"具象可识而可解"，指的是能让人一目了然的图案，或者通过简单推测就能读取意义的图符。多是一些在我们常识里就有的事物，在学界容易达成共识。

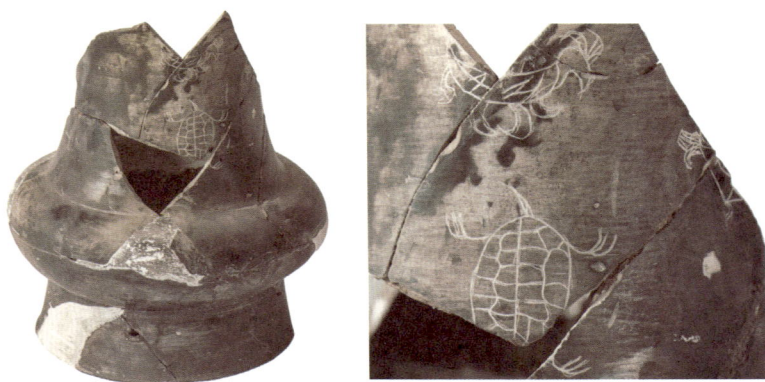

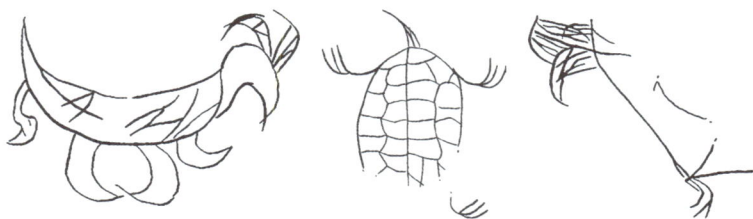

图 2-137　残双鼻壶（卞家山 G1 ② : 87　三
个残缺的图案刻于颈部与腹部，烧后刻）

　　比如，卞家山 G1 ②：87（图 2-137）的三个图案中，就有两个较为完整，一是鸟，二是龟，上鸟下龟的排列甚至让人联想起后世常见的"玄武""朱雀"这二神。

　　新地里 G1 ②：117（图 2-138）的图案显然是动物，以鹿的可能性为高。葡萄畈 T0303 ⑨：9（图 2-139）的小鳄鱼，美人地 T4046 房基 2B-2A（图 2-140）的飞鸟，广富林 M24：2（图 2-141）的鹿与钺，仙坛庙 M52：22（图 2-142）的房屋，是明明白白的具象图案。

图 2-138　罐残片（新地里 G1 ②：117　图案刻于腹上部靠近折肩处，烧后刻）

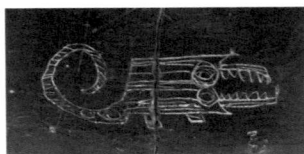

图 2-139　宽把杯（葡萄畈 T0303 ⑨ : 9
图案刻于流部正下方，烧后刻）

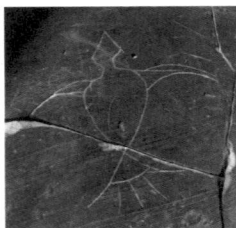

图 2-140　豆（美人地 T4046 房基 2B-2A
图案刻于盘面，烧后刻）

图 2-141　尊（广富林 M24：2　图案刻于
尊腹部，烧前刻）

图 2-142　器盖（仙坛庙 M52：22　图案刻于
盖内壁，烧后刻）

图 2-143　豆残口沿（卞家山 G1 ② : 349　图案刻于盘面，烧后刻）

图 2-144　器物残片（卞家山 G2 ⑩ : 176　图案为烧后刻）

　　卞家山 G1 ② : 349（图 2-143）的图案不完整，但能推断是某种哺乳动物的形象。卞家山 G2 ⑩ : 176（图 2-144）的图案虽然有点超常，但应该表现的是某种水生鱼类。茅庵里 T2 ⑤ B : 40（图 2-145）上较完整的动物图案有个特殊的角，但不影响将其判断为某种兽类。

图 2-145　残豆盘（茅庵里 T2 ⑤ B：40　图案刻于盘面，烧前刻）

图 2-146　豆残片（卞家山 G2 ⑩：191　图案刻于盘面，烧后刻）

（二）具象可识而不可解

　　"具象可识而不可解"的图案是图画式图符中的大宗。这些事物接近我们常识中一些事物的形态，但却不像"具象可识而可解"的图案那么具体。不仅模棱两可的情况很多，而且容易受各人主观意见的左右。

　　G2 ⑩：191（图 2-146）、卞家山 G2 ⑩：190（图 2-147）的两个图案形态接近，并以前者更为具体，推测应是表现某种工具。庄桥坟 M93：4（图 2-148）的图案，很像是一支箭的形状，比符号式图符中可能以"个"字形表示箭头的情况具体多了。

图 2-147　罐残片（卞家山 G2⑩：190　图案刻于外壁，烧后刻）

图 2-148　残双鼻壶（庄桥坟 M93：4　图案刻于底部，烧后刻）

图 2-149 残豆盘（美人地 T3945 房基 2B-4A 符号刻于盘面，烧后刻）

图 2-150 残豆盘（美人地 T3346 ⑨ 符号刻于盘面，烧后刻）

美人地 T3945 房基 2B-4A（图 2-149）、T3346 ⑨（图 2-150）盘面的两个图案，也应是同类图案，像箭与箭袋，也像箭与盾。总之，这两个图案中都有箭的形象，可与庄桥坟 M93：4 的图案类比，而亚腰形的框形结构意义不甚明朗，但应与箭形图案意义相关。

图 2-151 　圈足罐（塔地 TN6E4H8：11 　两个图案一上一下分布于罐侧，烧后刻）

　　塔地 TN6E4H8：11（图 2-151）的两个图案虽然线条简单，但显然比符号式的框形结构要具体，两者上边中部有向上伸出的线条，应有所指。整体上宽下窄的倒梯形，与玉器上常见的一种"祭坛形"符号相似（详见第四章），或许有类似的含义。

图 2-152　腹片（卞家山 G1 ② : 350　图案
刻于外壁，烧后刻）

图 2-153　圈足盆（戴墓墩 M1 : 10　图案
刻于底部，烧后刻）

　　卞家山 G1 ② : 350（图 2-152）的图案类似屋顶，戴墓墩 M1 :
10（图 2-153）的图案类似干阑结构，南湖单把杯（图 2-154）的图
案像是一件带圈足的器皿，也像是一个高台建筑。

图 2-154　单把杯（南湖　余杭博物馆藏
图案刻于把手外侧，烧前刻）

图 2-155　罐肩残片（塔地 TS3E2 ⑦：131
图案刻于肩部及以下，烧后刻）

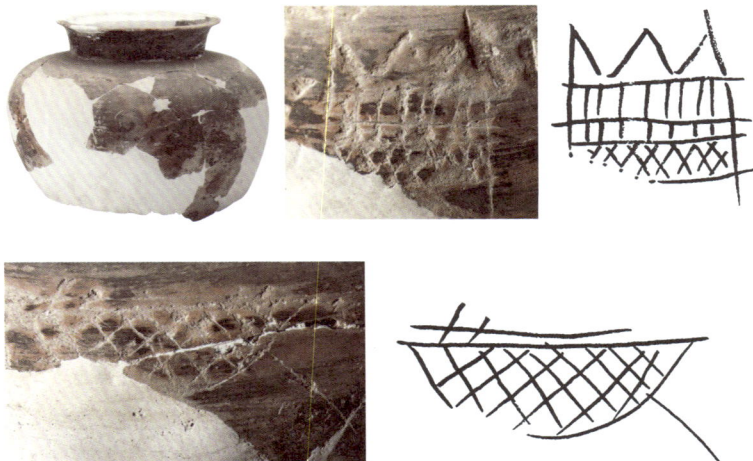

图 2-156　罐（卞家山 G1 ②：170　残见
两个图案刻于近肩处，烧后刻）

图 2-157　残把手（庙前出土　图案刻于
把手外侧，烧后刻）

　　塔 地 TS3E2 ⑦：131（图 2-155）、卞 家 山 G1 ②：170（图
2-156）的网格状图案，要说是渔网或者捕猎网，形象上不太具体。
但在卞家山 G1 ②：170 上，另一个图案似是有腿的动物，这就可与
捕猎网组成一个合适的语境。

　　庙前出土残把手上的这个图案（图 2-157），归入这一类稍显勉
强。这个图案看起来像是牙璋的上部，就目前来看，牙璋这类玉器的
出现在良渚时期之后。因此，这样的可识性几乎没有意义。

图 2-158　盘类残片（卞家山 T2 ⑪ ：15 图案
刻于内壁，烧后刻）

（三）具象而不可识

　　"具象而不可识"，指的是图案显然具有图画的形式，但超出常识
可以类比的范畴，如卞家山 T2 ⑪ ：15 的图案（图 2-158）。当然，极
大可能是由于图案的残缺导致了这样的情况。

（四）具象不可识却可解

　　"具象不可识却可解"，指的是图案从直观上超出常识，但通过系列图案的研究可以了解其实际的内涵，如卞家山 G1 ② : 391 上的残图（图 2-159），经分析，其所表现的是鸟的形象（详见第三章）。

图 2-159　器物残片（卞家山 G1 ② : 391　图案残，烧后刻）

（五）抽象可识而不可解

　　"抽象可识而不可解"，指的就是一些抽象图形，与我们现在熟悉的抽象图形相似，但却不知道当时的意义是否也与今日相通。比如庄桥坟 M249 : 13（图 2-160）和马桥 M204 : 4（图 2-161）的"五角星"图形，马桥 M204 : 3（图 2-162）的"八角形"图形。这些图形反映的是抽象的思维活动，至于怎么解释，就见仁见智了。

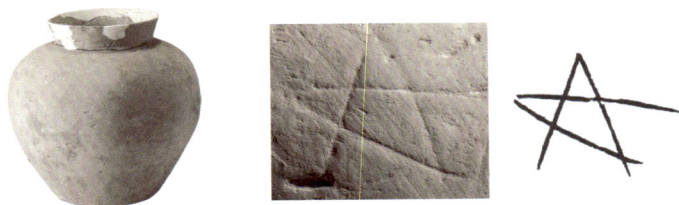

图 2-160　罐（庄桥坟 M249：13　图案刻于
腹部，可能为烧后刻）

图 2-161　圈足盘（马桥 M204：4　图案刻于底部，
漩涡状符号为烧前刻，五角星符号为烧后刻）

图 2-162　宽把杯（马桥 M204：3　图案刻于
把手外侧，烧后刻）

从上述图画式图符的标本举例可以看出，其与符号式图符还有一处值得注意的区别在于刻画步骤。符号式图符以烧前刻居多，而图画式图符以烧后刻占绝大多数。这大概也正是图画式图符得以形成的技术原因。因为烧后的陶器表面坚硬，便于表现比较复杂而具体的图案。当然，也可以从另一个角度考虑，即与载体的相关性。许多符号式图符刻于烧成之前，是与载体陶器一一对应的关系。而陶器对于图画式图符来说，可能只是一种刻画媒介，并非某组刻符必须对应于某件陶器，选择上很有可能具有任意性。

由于我们得到的大量材料，都是陶器残片，导致原本可能成组的图画支离破碎，并且，更多的情况是根本无法复原出完整的形态。因此，出现刻画符号的完整陶器难能可贵。如南湖 87C3-658 陶罐（图 2-163），所刻图符共十二个（图 2-164），有符号式图符，也有图画式图符。从烧后刻的步骤和图符环绕器身的形式来看，这十二个图符总体表现的是组合图画，尽管有②、③、⑥、⑧等图符，频繁地作为烧前刻的符号式图符使用，但不能排除其具有用于组合图画中、辅助表达图画意义的功能。

图 2-163　罐（南湖 87C3-658　符号环绕器身，刻于肩部，个别偏于下腹部，烧后刻）

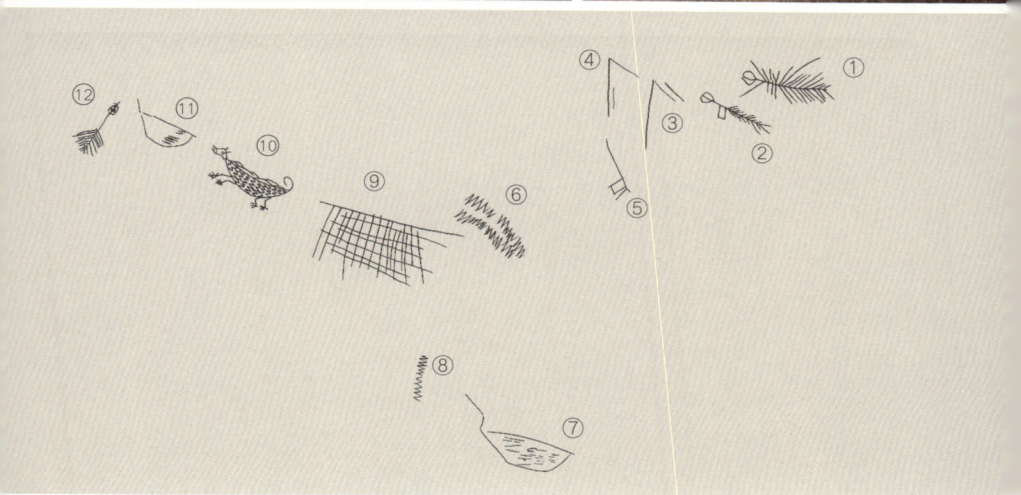

图 2-164　南湖 87C3-658 罐上的 12 个图符

　　最后再介绍一个比较特殊的标本，即澄湖 74WCH 采 231 陶罐（图 2-165）。腹部一周烧前刻符。其线条烦琐，又是烧前刻，显然是有意布置的。从形式上说，属于组合图画。尽管安排紧凑，但还是能区分为四个或五个单体。单体图案的风格与上述图画式图符有很大的区别，笔道多带弯钩，看似具象，却难以与常识中的事物直接类比。在此，还需注意的是，这件残罐的器型没有很突出的良渚特色，又是采集品，没有直接的证据说明它就是良渚文化的遗物。其刻绘线条所表现出的艺术风格，也与良渚陶器、玉器上的刻纹艺术风格不同。只能说，其属性成谜。谁是它的主人，还不能草下定论。

图 2-165　罐（澄湖 74WCH 采 231

五个符号围绕腹部一周，烧前刻）

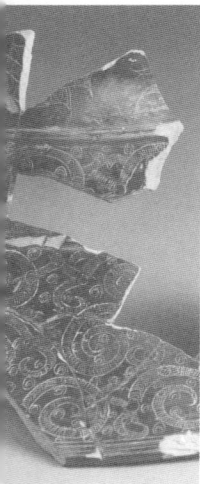

Painting and Symbol:
Primitive Characters of Liangzhu

图画与符号：良渚原始文字

第三章　装饰性刻画纹饰

一 戳点纹符号

 与一般刻纹不同的，有一类以戳点构成的图案，仅见于红陶高领罐口沿。这是一类用于特定器物、特定部位且是显眼部位的图案。这样的图案是具有装饰性的。戳点组成的并不是单纯的线条，而有一定的结构，这大概是取自一些图符的形状，用以作为装饰花样。（见图 3-1 至 3-7）

图 3-1　残罐（庙前 H3 ① : 410）

注: 本章内所用插图, 均来自于张炳火主编, 良渚博物院编著:《良渚文化刻画符号》（上海: 上海人民出版社, 2015 年）这一图录中。

图 3-2　罐残片（卞家山 G2 ⑥：184）

图 3-3　罐残片（卞家山 G1 ①：374）

图 3-4　罐残片（卞家山 G1 ①：371）

图 3-5　罐残片（卞家山 G1 ② : 320）

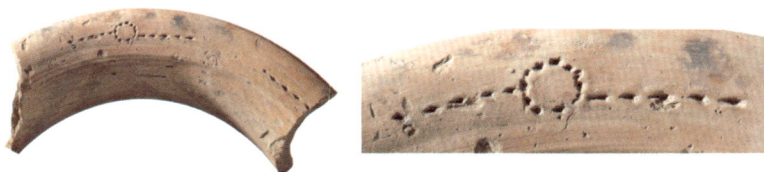

图 3-6　罐残片（庙前 H3 ① : 407）

图 3-7　罐残片（卞家山 G1 ② : 359）

图 3-8　蟠龙纹陶豆残片（卞家山 G1 ② : 414）

二　龙纹系统与鸟纹系统的装饰性刻纹

　　此类装饰性刻纹，主要见于磨光黑皮陶的表面，是良渚文化晚期一种典型的刻画纹饰。之所以将此类纹饰置于刻画符号的体系下介绍，主要是为了与上述图符做对比。其最大的区别在于系统性。图符

图 3-10　葡萄畈 T0304 ⑦展开图

的种类虽多，但能构成系列化的、具有系统性的很少，因此，想要深入解释意义的时候，难有相互类比、参照的条件。而此类刻纹具有很固定的程式，在线条流畅、图案美观以外，主题突出、系统鲜明，是解读其系列意象的可靠保证。

　　一类是龙纹系统。如卞家山 G1 ②：414 的蟠龙纹陶豆（图 3-8）、葡萄畈 T0304 ⑦的蟠龙纹陶壶（图 3-9、3-10），都是这种龙的形象。

　　且同样是龙的形象，却有不同的表现形式。卞家山 G1 ②：414 的图案是同方向的单龙，不断重复，组成四方连续的纹样。葡萄畈 T0304 ⑦一侧的龙纹则是两两相对缠绕的双龙，而另一侧又是对旋的双龙。当然，说是龙纹，也还比较抽象。我们要抓住的图案中的关键，是蜷曲的体态和其身体上附带的或为对翅形或为单漩涡形的小图案。从龙的解释角度出发，这些小图案或可认为代表着龙鳞或龙鬣之类（图 3-11）。

图 3-9　蟠龙纹残陶壶（葡萄畈 T0304 ⑦）

龙鬃

图 3-11　葡萄畈 T0304 ⑦上疑为龙鬃的小图案

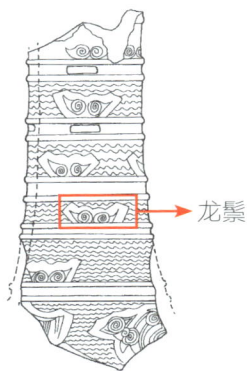

图 3-12 残豆柄（汴家山 G1②：69）及其上的龙髯图案

龙髯

这样，当我们看到这些小图案，如卞家山残豆柄 G1 ② : 69（图 3-12）单独出现的时候，就不会将它们视作另外的图案类型，而是龙纹的局部。这是以局部指代整体的艺术手法。在豆柄 G1 ② : 69 上，大面积地使用细波浪纹作为地纹，将龙身隐去。细想起来，意境也是很巧妙了。

另一类是鸟纹系统。如江苏昆山绰墩遗址的这件宽把杯（图 3-13）上，满饰鸟纹，其中，位于流内壁的鸟纹图案（图 3-14、3-15）最为具体。

图 3-13　宽把杯（昆山绰墩 F11 ② : 5）

图 3-14　绰墩 F11 ② : 5 流内壁图案

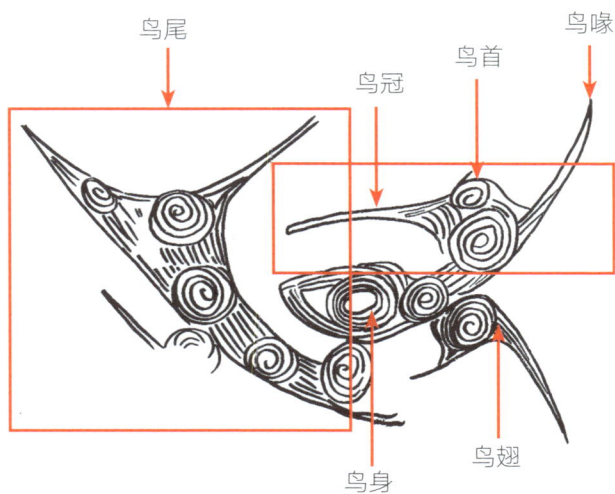

图 3-15　绰墩 F11 ② : 5 流内壁鸟纹图解

图 3-16　卞家山 G1 ② : 391 上的鸟纹图案

　　与符号式图符中可能为"鸟"的符号相比，此类鸟纹更加具体，但与图画式图符中的"鸟"相比，此类鸟纹则高度抽象。这样，再看上述卞家山所出一残片（图 3-16）上"具象不可识却可解"的图案，我们就能理解为什么称其为鸟纹了。

图 3-17　卞家山 G1 ② : 100 上的鸟纹图案

　　鸟纹的形态比龙纹更多更丰富，如卞家山 G1 ② : 100（图 3-17）、葡萄畈 T0404 ⑧（图 3-18、3-19）豆座上的图案，都是此类鸟纹。并且，常在同一件器物上，可见多种不同形态的鸟纹。

鸟尾

鸟身

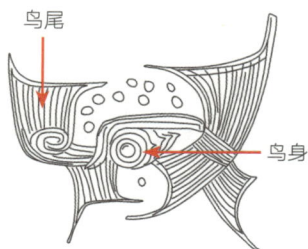

图 3-18（上）　葡萄畈 T0404 ⑧出土鸟纹陶豆座与图案解析

图 3-19（下）　葡萄畈 T0404 ⑧出土鸟纹陶豆座展开图

　　值得一提的是，此类鸟纹与高等级玉器上、常见于神徽左右的鸟纹形态，是统一的。参考对瑶山 M2∶1 这件玉冠状器上鸟纹的解析（图 3-20），此类鸟纹都在鸟身处背负着一个圆形图案，与神徽下部兽面纹的眼睛一致，这表示的是神的眼睛。[1] 这意味着鸟是神的载体，鸟具有神性。当然，这也解释了为什么黑皮陶上会以细线刻绘鸟纹来作为装饰。因为，在良渚人的观念里，鸟是很神圣的，是受人尊敬、受人喜爱的。

　　事实上，很多刻纹黑皮陶上龙纹与鸟纹是共存的，彼此互为主辅，两者地位自然也是旗鼓相当。这两类图案的刻绘风格一致，均在外形轮廓中填以密集的线条及螺旋，这是表意图符所不具备的表现方式，即突出装饰效果的表现方式。

....

① 　刘斌：《杭州全书·良渚丛书：神巫的世界》，杭州：杭州出版社，2013 年。

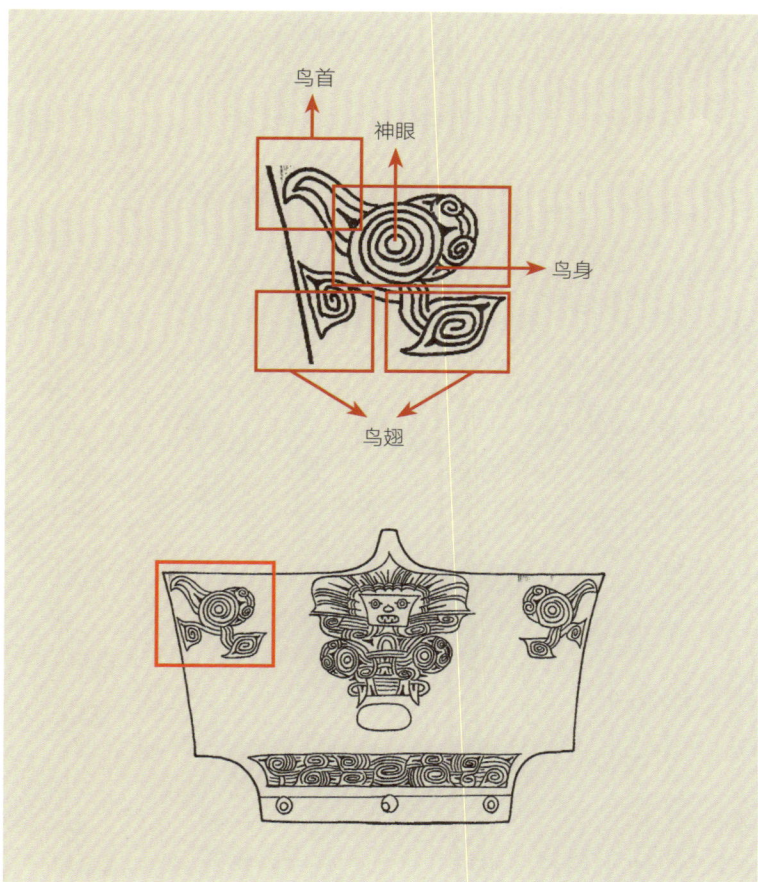

图 3-20　瑶山 M2∶1 冠状器侧角鸟身神眼的解析

Painting and Symbol:
Primitive Characters of Liangzhu

图画与符号：良渚原始文字

第四章　经典图符赏析

一　苏州澄湖遗址出土贯耳壶

（一）关于贯耳壶的出土

该贯耳壶（图 4-1）出土于江苏省苏州市澄湖底的良渚文化遗址中，此地约在南宋时期因地质下沉和洪水冲击淹没形成。具体的出土单位是一口良渚文化时期的水井，因此其器物编号为 74WchJ127：1。"74"指的是发掘年份为 1974 年，"W"是当时的吴县首字母的拼音，"ch"则代表澄（chéng）湖。"J"是考古发掘记录中对"井"的拼音字母代称，"J127"即代表发现并给予编号的第 127 口水井，比号右侧的"1"指其是在井中发现并编号的第一件器物。

贯耳壶作为一种盛水器，发现于取水的井内很正常，左右两个上下贯通的耳朵就是用来拴绳子以便坠入井中的。但作为一件普通的日常使用器物，却有 5 个连续排列的符号，在新石器晚期文明之火已呈燎原之势的中华大地上，就非常引人注目了。

注: 本章内所用插图,均来自于张炳火主编,良渚博物院编著:《良渚文化刻画符号》（上海：上海人民出版社，2015 年）这一图录中。

图 4-1　刻符贯耳壶（澄湖 74WchJ127：1）

在 1985 年刊布的《江苏吴县澄湖古井群的发掘》简报中，发掘者对贯耳壶的描述如下：

> 带陶文鱼篓形罐。口径 8.8 厘米、通高 12 厘米。鱼篓形，直颈，腹下鼓，溜肩，平底，二侧有贯耳各一。轮制，并经打磨光滑，黑衣黝黑铮亮。罐腹刻有陶文"开"、"図"、"个"三字。[①]

---

① 文物编辑委员会编：《文物资料丛刊（9）》，北京：文物出版社，1985 年，第 8 页。

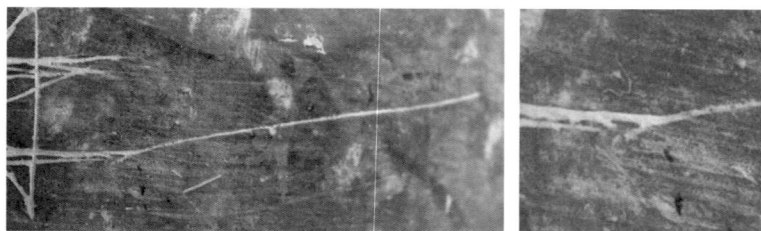

图 4-2　贯耳壶上最后确认的符号

　　从照片可以看到，此件贯耳壶烧制质量很高，胎体细腻呈灰色，说明制作者是奔着实用的目的而用心淘洗胎土，烧成温度也刚刚好。其质量堪比良渚古城遗址中贵族所用陶器。口沿下方有一点点水锈，表明其埋藏于水环境中。表面除了符号之外，没有其他纹饰。

　　当时的认识是 3 个符号。1990 年有学者撰文补充了发掘简报中漏掉的八角形符号，认为"与崧泽文化的鱼形刻划大同小异"①。1996年钱玉趾先生指出八角形符号"左下角还向左引申一长线"，终于将这 5 个符号全部囊括进去，不过还没有认识到这一条长线也是符号。在《良渚文化刻画符号》一书的编撰过程中，发现八角形符号与长线

①　张明华、王惠菊：《太湖地区的新石器时代陶文》，《考古》1990 年第 10 期。

笔画是相错的，且排列上疏密有度。[①] 因此，我们认为，这一条长线也是有意刻画的符号，而不是刻画时的飞笔（图 4-2）。

　　所以，关于这件贯耳壶的符号数量在 2013 年终于尘埃落定，确定为 5 个。

（二）贯耳壶上的 5 个符号

　　按照我们现在从左往右的书写习惯，依次将 5 个符号编为①～⑤（图 4-3）。需要强调的是，当时良渚人书写习惯是从右还是从左，目前没法判断。这个编号只是方便现在研究用的，不代表实际书写顺序。

....

① 张炳火主编，良渚博物院编著：《良渚文化刻画符号》，上海：上海人民出版社，2015 年第 592 页。

1. 符号①

先看符号①（图 4-4）。左为照片，右为摹本。形象地说，其由两个沙漏垂直相交而构成。如果对先秦史有些许了解的话，也会联想到是两个"五"相交，只是被压扁了。同类符号在良渚文化和同时期新石器考古学文化中也是屡见不鲜。

从外形上看，八个方向都伸出了一个角，考古学家把这类符号形象地统称为八角形（星）符号。并不是说仅仅长得像，我们就把这类符号都归为同种。目前考古发现最早的八角形符号出现于湖南的高庙遗址，距今约 8000 年，在湖南地区一脉相承到屈家岭文化都有发现，

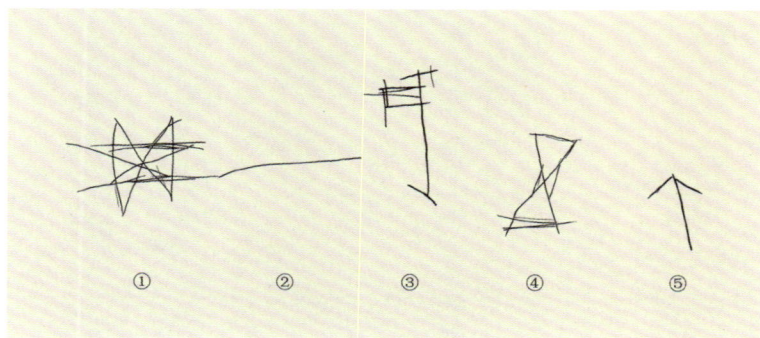

图 4-3　自左向右编号的 5 个符号摹本

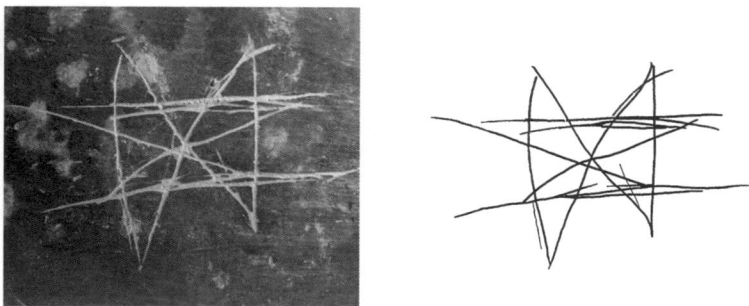

图 4-4　符号①照片及摹本

而且主要出现于白陶上。白陶是一种特殊的陶器，陶土主要成分为二氧化硅、三氧化二铝和氧化镁为主，因此在烧制后呈现白色。以高庙遗址和汤家岗文化中的白陶来说，八角形符号制作规整、地纹繁密。在湖南地区传承的同时，八角形符号也在向外传播，比如良渚文化的"爷爷辈"马家浜文化中就有了 ①（图 4-5）。以山东地区为主要分布范围的大汶口文化（图 4-6）、安徽含山的凌家滩文化（图 4-7）等都有出现。稍晚，其在良渚文化的"父亲辈"崧泽文化中也有出现。随着

①　武进县文化馆、常州市博物馆：《江苏武进潘家塘新石器时代遗址调查与试掘》，《考古》1979 年第 5 期。

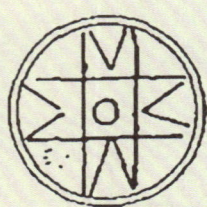

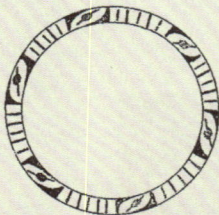

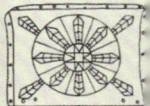

图 4-5（左） 潘家塘纺轮
图 4-6（中） 大墩子彩陶盆
图 4-7（右） 凌家滩玉鹰和玉版

交流空间的扩展，时代更晚的东北小河沿文化、西北的马家窑文化都
发现了八角形符号。

　　从以上列举的这些考古学文化中可以看到，最初，八角形符号自
湖南发端，逐渐东扩至鲁、苏、浙等沿海地区，然后向腹地扩散。这
里面，有个问题需要解释一下，肯定有人会提出：凭什么说它们之间
是传播的关系，而不是各自起源呢？我们认为是传播的依据有二。第
一，从时间上来说，早期从长江中游逐渐向东，发现八角形符号器物
年代逐渐变晚，晚期约相当于新石器时代晚期到末期，在中国的北方
东和西两个方向都出现。第二，从人类认识来说，在长时段和大空间

上，若干考古学文化的发展都是趋同的，既有思维发展的因素，也少不了交流融合的成果。表现在陶器制作和风格上都有一定的相似性，譬如在新石器时代晚期，从长江中下游、黄河下游地区，我们可以看到相同的造型、相同的纹饰广泛出现，给人"天下大同"的感觉。有些造型简单的器物及纹饰或者符号，可以是各自独立起源，在交流中又相互影响。造型复杂的纹饰，就不太可能存在多地独立起源的情况。

那么，下一个问题就是：八角形符号的含义是什么呢？答案是，要分开来讲。不同时代、不同地域，八角形符号的含义是不一样的。可以从以下几方面来说明。

第一，载体有了变化。高庙、汤家岗等文化中，八角形符号的载体都是白陶，大部分出自祭祀坑性质的单位中。白陶需要专门的陶土，部分白陶还有红彩，格局规整、装饰繁缛的纹饰制作工艺是比较复杂的。湖南地区的史前白陶应是彩陶、玉器之外的另一系列礼器，或者说它至少是具有礼器性质的一类特殊用器，其社会功能应与彩陶、玉器相若。① 尔后传播到了其他同期或稍晚的考古学文化中，载体质地从珍贵的白陶变为当地文化中的普通陶系，如大汶口文化中为彩陶，马家浜—崧泽—良渚文化中则为红陶、泥质黑陶等。

第二，地位呈下降态势。如果拉长到距今 8000 年到距今 5000 年这三千年的长时段，可以看到八角形符号载体的地位是逐渐下降的，比如在武进潘家塘遗址的马家浜文化地层中，八角形就被刻画在了一件普通的陶纺轮上，呈扁平鼓形，"上、下两面均有刻纹，上面刻八角纹，底面刻双线山座形纹，线条规正，未见明显使用痕迹"②。崧泽文化中的八角形符号，共在 6 件器物上发现，5 件分别出自上海青浦崧泽遗址、江苏昆山绰墩遗址、常州新岗遗址和江阴南楼遗址，③1 件为浙江嘉兴博物馆所藏④。其中 3 件为陶纺轮，虽然总体数量太少，不

....

① 尹检顺：《湖南史前白陶初论》，郭伟民主编：《湖南省文物考古研究所建所三十周年纪念文集》，北京：科学出版社，2016 年。
② 武进县文化馆、常州市博物馆：《江苏武进潘家塘新石器时代遗址调查与试掘》，《考古》1979 年第 5 期。
③ 资料分别见于以下发掘报告。上海市文物保管委员会：《崧泽——新石器时代遗址发掘报告》，北京：文物出版社，1987 年。苏州市考古研究所：《昆山绰墩遗址》，北京：文物出版社，2011 年。南京博物院、江阴市博物馆：《江阴南楼》，北京：中国社会科学出版社，2018 年 6 月。
④ 陆耀华：《浙江嘉兴大坟遗址的清理》，《文物》1991 年第 7 期。

好说到了崧泽文化时期，人们把八角形与纺轮联系了起来，但符号的意义是不会与高庙时期相同了。

八角形具体的内涵，有人以为与太阳崇拜有关系，"分布范围已地跨长江、黄河、辽河流域，涉及不同时代、不同区系的考古学文化。这种图像之所以跨越时空、突破地缘和血缘的阻隔，最关键的原因是太阳历的应用与农业生产和动物驯养都存在直接的联系，尤其是对以生产型经济为主的远古先民来说，其重要性不言而喻"[1]。天文学家从超新星爆发事件，认为八角形符号是对这一天文现象的记录，可备为一说。[2]至少从高庙时期，八角形符号作为方位指向的表现，所指不差，至于传播、发展到后期，成为什么含义，暂时还没有定论。

在这一过程中，凌家滩遗址大墓中出土的两件带有八角形符号的玉器（见前图 4-7），令人惊讶不已。一是载体为玉质，相比陶纺轮、陶器作为载体，地位高级不少；二是元素较为复杂。

....

[1]　贺刚：《湘西史前遗存与中国古史传说》，长沙：岳麓书社，2013 年，第 411、413 页。
[2]　赵复垣、徐琳、张承民、Richard Strom：《新石器时代八角星图案与超新星爆发》，《科学导报》2013 年第 23 期。

图 4-8（左） 碗形豆（大汶口 M2005：49）
图 4-9（右） 彩陶盆（野店 M35：2）

第三，符号的构成有了很大的变化。虽然外形同为八角形，但构成的内外线条，可以说截然不同。线条的变化，说明了制作者出发点的不同。反过来说，相同时段、相近考古学文化中的八角形符号线条往往是相同的。比如凌家滩文化和大汶口文化中的八角形符号基本一样，外周呈八角形，中间为一圆形或方形（图 4-8、4-9）。

以陶豆为主要装饰对象的相对三角形镂孔，比如东山村 M89：20 盘形豆（图 4-10），上下相对。又如 M94：5 盘形豆（图 4-11），则为左右相对。在实体上进行镂孔当然无法将两个同时叠加制作出来，而良渚人在平面上实现了相对三角形的叠加，至于和崧泽时期流行的这种三角镂孔是否有关联，暂时无法确认。

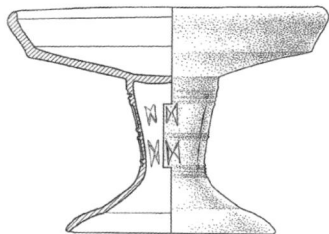

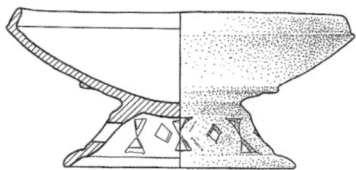

图 4-10（左）　盘形豆（东山村 M89：20）
图 4-11（右）　盘形豆（东山村 M94：5）

　　在良渚文化中，八角形符号出现得并不多，目前可见 2 个。上海马桥遗址[①]和本章主角各见 1 个。马桥遗址中，"标本 II M204：3，泥质黑陶，口微敛，直腹微鼓，矮圈足，阔把，上有二孔。阔把外侧上部饰简化兽面纹，中部刻划一符号。口径 8.2 厘米，高 12 厘

①　上海市文物管理委员会：《马桥——1993—1997 年发掘报告》，上海：上海书画出版社，2002 年，第 49 页。

图 4-12　马桥 M204：4 宽把杯上的八角形图案

米"（图 4-12）。显然这个八角形和澄湖贯耳壶上的八角形不完全是一回事，只是顶了相同的名字，与前后及同时期的考古学文化中出现的八角形符号也不尽相同。八角形的含义或许与方位有关，但构成线条的差别、笔序的不同，是我们认知这个符号的另外一个方法，这种变化我们认为正是八角形符号内涵演变的外在表现。在不同的文化背景中，它被刻画在了不同的器物、不同的部位上，代表了制作者对这个符号认识的不同。在凌家滩文化中出现在两件珍贵玉器上的，是为惊鸿一瞥，随后其内涵被其他器物和纹饰所继承、演化，不复原初。

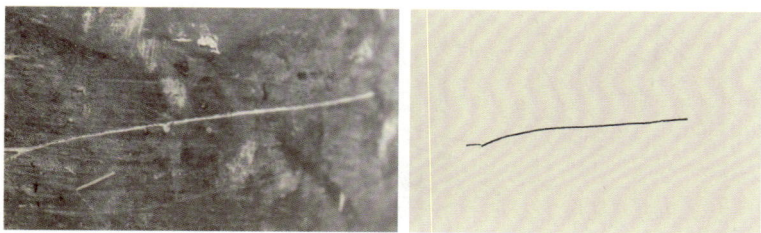

图 4-13 符号②照片及摹本

2. 符号②

　　下面来看简单的一条线段（图 4-13），它确确实实占了一个位置，但具体的意思，不管是考古学家还是古文字学家，对此恐怕都是一筹莫展。不过没有关系，纠结于全局中的一个片段，只见树木不见森林，这不是考古学家的研究思路和方法。具体到符号的研究上，我们更关注符号的载体，出现于载体的什么部位，载体出土的考古学单元，这个单元在整个遗址中的位置和其他单元的联系上。当局部无法提供给我们更多的信息时，那就尝试着把视野放大到一个遗址，再到考古学文化，乃至一个大区域上，进行横向和纵向的比较，比较的标准就是上面所说的关注点，通过统计学的方法，来判断共同点，有时这样获得的信息比单纯考证具体符号的意义更有说服力。

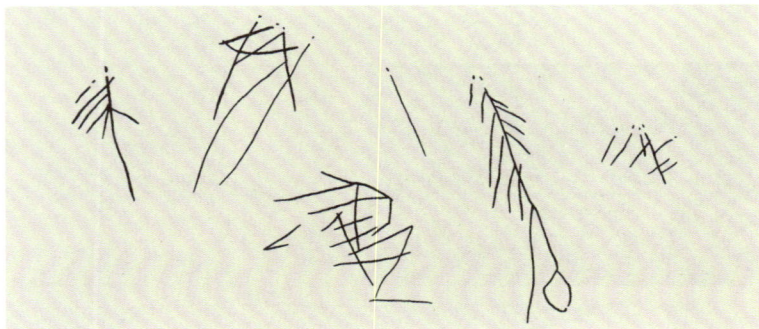

图 4-14　卞家山 G1 ⑥：333 和 G1 ④：335 腹片上的符号

　　同类符号在良渚文化中还有 26 个，在浙江余杭卞家山、庙前和湖州花城陶器上出现。符号位于器物底部的有 15 个，方向不确定者为 18 个，原因是符号位于器物的圆形底部，有些可以判定书写方向，但书写方向不一定是符号的方向。可以确认为横向的仅 4 个，其中 3 个都出现在夹砂红陶的鼎足上。方向呈纵向的 5 个，2 个分别出自卞家山 G1 ⑥：333、G1 ④：335（图 4-14）和庙前 H16：17（图 4-15）的成组符号中。从这两组符号来看，卞家山所出无论从符号组成还是刻画风格来看，都类似于南湖刻符罐，不过只见抽象符号而无具象符号。另两个在豆的圈足内壁和鼎足侧面，性质是不同的。

　　综上，表达的意思可以总结为一句话：我们暂时不知道符号②是什么意思。

156

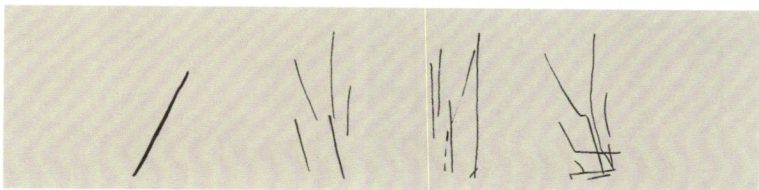

图 4-15　庙前 H16：17 罐上的符号

　　所谓"孤证不立"，是指仅有一个证据支持这个结论，那么这个论证是无法成立的，最好的处理方法就是先放一放。对这条线来说，甚至是无立锥之地，所以我们先放过符号②，看下面一个符号。

3. 符号③

　　准确地说，这是一套标准的豪华型钺（图 4-16）。说是钺，因为斧两个刃角呈圆弧状，实物发现的石斧也不见上下端饰，只有钺吻

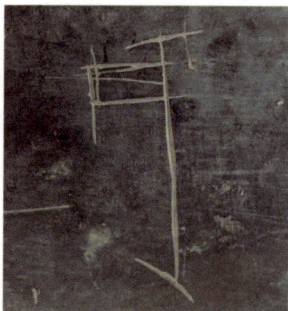

图 4-16　符号③照片及摹本

图 4-17（左） 瑶山 M7 豪华型玉钺

图 4-18（右） 反山 M14 豪华型玉钺及其柲部玉粒

合。所谓豪华，就是这件钺有配套的瑁和镦，豪华装中的最高配置还有小琮和髹漆嵌玉粒的柲。比如浙江余杭瑶山 M7 所出的豪华型玉钺（图 4-17），就是由玉钺、玉瑁和玉镦组成的，柲为有机物，可能为木质，出土时已朽。反山 M14 豪华型玉钺（图 4-18），瑁、镦齐备，柲上嵌有长短不一的玉粒。可惜的是未能竟其全功，瑁和镦素面无纹。瑶山 M7 玉钺虽然没有镶嵌玉粒，但是在瑁和镦上都雕琢了纹饰（图 4-19），还有两个小琮相配伍，将将有"缨"的性质。

此类豪华型玉钺，在良渚文化墓葬中极其稀少。毕竟贵族权势也

158

图 4-19　瑶山 M7 玉钺瑁（左）和镦（右）

是有大有小的，墓主人等级的高低、墓主人的社会职能，就在这瑁、镦的增减、纹饰的有无和是否髹漆嵌玉中拉开了小小的距离。掌有大权的男性显贵，才能拥有此类钺杖。目前仅仅发现了 7 套钺杖，而良渚古城遗址作为良渚王国的核心，在反山、瑶山墓地中就出土了 4 套，除了上文提及的瑶山 M7 和反山 M14，还有反山 M12 和 M20。反山 M12 作为等级最高、随葬品最多、最精美的显贵大墓，随葬的豪华型玉钺之所以被称为"钺王"，就在于钺身两面近两个刃角处各有神徽和鸟一个（图 4-20、4-21），另有 3 个小琮可能与之配伍。

　　多件器物构成的组合钺杖，并不是良渚人发明的。常州金坛三星村遗址，相当于马家浜文化阶段的遗存中，就有这样的高配组合了。钺身为石质，端部的瑁（与良渚时期的瑁位置略有区别）和底部的镦

图 4-20　反山 M12 玉钺出土情况

配伍的瑁和镦

图 4-21　反山 M12 玉钺

为骨质^①（图 4-22、4-23）。此时的玉器还远未发展到大件器物，主流是以璜为代表的装饰玉器，因此钺身依然为石质，但礼器的性质已经开始萌芽，两件石钺均已开刃，右侧石钺穿孔巨大，并不是为实用而制作的。

图 4-22（左）　石钺（三星村 M38：1）
图 4-23（右）　石钺（三星村 M531：3）

---

① 南京师范大学、金坛市博物馆编：《金坛三星村出土文物精华》，南京：南京出版社，2004 年。

图 4-24　崧泽
带瑁石钺

在崧泽遗址的最新一次发掘中，同样出土了一套带镦石钺（图 4-24），属崧泽文化。不过墓主人地位不够高，钺依然为石质，镦也是骨质。[①] 在崧泽文化晚期，玉钺已经出现于嘉兴南河浜和海盐仙坛庙遗址。而且南河浜是一座墓出土两件，目前尚未见他处有一墓多件玉钺的发现。

粗略梳理完豪华顶配玉钺的前世，我们再来看下这个符号的具体样式。与前辈们不同的是，瑁、镦与钺两两并不平行，而是带有一定的倾角，尤以镦的倾角为大，在 35°左右，瑁、镦向钺刃部方向的延长线形成了一个夹角。这当然不是刻画者手误，当时瑁、镦的安装就是如此。譬如反山 M12 和瑶山 M7，在发掘中就可见这样的情况。前文中的反山 M14 玉钺柲身的玉粒及镦的位置，即是按照当时出土情况等比绘制的。以上三例都与符号③造型相吻合。

① 　上海市文物管理委员会：《1994—1995 年上海青浦崧泽遗址的发掘》，《上海博物馆集刊（第八期）》，上海：上海书画出版社，2000 年。

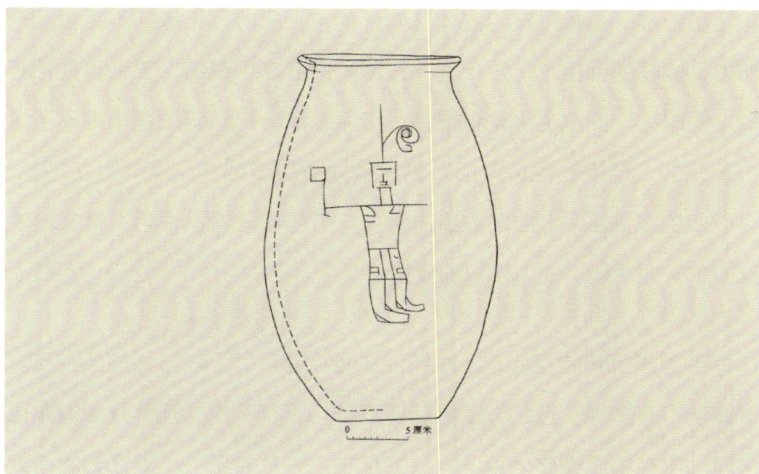

图 4-25　陶罐刻符（肖家屋脊 H357：5）

比良渚文化略晚的石家河文化肖家屋脊遗址中出土的编号为 H357：5 的陶罐（图 4-25），也有同样秘端部倾斜的钺形符号。[①]

了解了钺长什么样，下一步就是为什么它会被制作成这样？功能

[①]　湖北省荆州博物馆、湖北省文物考古研究所、北京大学考古系：《肖家屋脊》，北京：文物出版社，1999 年，第 159 页。

决定了外形。如果是实用器，比如作战，玉质的瑁和镦并不能增加杀伤力，脆弱的铆接也无法保证不在激烈的战斗中脱落，玉钺也并不开锋。同时它们的墓主人地位显赫，带队杀敌，起码玉钺是承担不了这个重任的。至于砍伐等粗活，更不是扁薄的玉钺（包括同类型石钺）可以做的事情了。① 加之数量的稀少，刃部不开锋，说明玉钺完全脱离了本来的功能，成为军权的象征。

　　中国国家博物馆展有一件有名的伊川缸（图 4-26），上绘石斧。解读观点有多种，但共识就是装柄石斧代表了军权。江苏张家港东山村遗址出有崧泽文化大墓，大墓的标志之一就是玉钺。浙江嘉兴南河浜遗址亦是如此。作为崧泽文化的嫡系传人，玉钺在良渚文化中的地位，自然是没有疑问的。所谓"枪杆子里出政权"，起码从新石器时代就开始了。

....

① 　在兴隆洼文化中，玉斧、玉锛被作为实用器：一是当时玉料刚刚进入人们视野，并未认识到其珍贵性；二是生产力还没有发展到社会分层的阶段，身份标识的需求并不明显。

图 4-26　临汝阎村彩绘鹳鱼石斧缸 [1]

① 　图片出自中国国家博物馆编:《中华文明:〈古代中国陈列〉文物精粹》,北京:中国社会科学出版社,2010 年,第 57 页。

图 4-27（左） 符号④照片及摹本
图 4-28（右） 王莽时期"大泉五十"钱币[1]

4. 符号④

最初见到这个符号时（图 4-27），学者多据甲骨文"X"释为"五"，其在两汉铸造的钱币上都有体现（图 4-28）。

董楚平以为，该字从字形上看不出与"五"的联系，有可能是借音字。而良渚文字尚处于初创阶段，可能全部是象形文字，不太可能有借音字。此外，他注意到了在字形上"X"的区别，包括中部交叉

---

① 图片出自中国国家博物馆编：《中华文明：〈古代中国陈列〉文物精粹》，北京：中国社会科学出版社，2010 年，第 294 页。

处的左右各有一竖画，底下右侧还有一横画。[①] 至于最后将其释为"会"字，则是见仁见智的事。整体 4 个符号（不含符号②），释为"方钺会矢"，可能是良渚文化的军事会盟记录。对此，不妨追问一番，如果是这么重要的会盟记录，性质不亚于山西侯马发现的东周时期晋国盟书，检视发掘简报中良渚文化时期的水井出土器物，亦无高等级陶器，与苏州澄湖一个普通的良渚文化遗址地位也不太相称。同时也要注意到，根据器物类型和遗址等内涵的不同，除良渚古城遗址群，另有嘉兴—沪南地区、苏南—沪西地区等多个区域类型。这些区域类型中各有高等级遗址为中心，它们所代表的人群之间，是否存在会盟一类性质的政治活动，也是值得考虑的。"军事会盟"的释读，有其探索意义。

　　良渚文化近年随着古城、外围水利系统等的重要发现，加之布局有序、随葬品悬殊的墓葬所表现出的多级社会阶层，被认为礼制已经较为成熟，进入了成熟文明和早期国家阶段。在玉礼器如此发达的情况下，乐礼器的出现也是必要而且现实的。目前我国发现最早的乐器是河南舞阳贾湖的骨笛，距今约 8000 年。[②] 中国史前乐器发现已经超过 500 件，门类包括笛、哨等吹奏器，鼓、磬等打击器和铃、球等摇

① 董楚平：《"方钺会矢"——良渚文字释读之一》，《东南文化》2001 年第 3 期。
② 河南省文物考古研究所编著：《舞阳贾湖》上卷，北京：科学出版社，1999 年。

响器。质地上以骨、陶乐器数量最多，约占总量的 95％以上，其中陶鼓约 48 件。[1] 近年的研究表明，中国新石器时代陶鼓在辽河、黄河、淮河和长江流域都有发现，"出土情况不尽相同，但其共性十分明显，即陶鼓已成为少数人所用的特殊用器，成为少数人的私有财产"[2]。

长江流域的陶鼓主要集中在中游地区，流行于屈家岭文化时期。最接近良渚文化分布区的有安徽含山凌家滩遗址（图 4-29）和江苏新沂花厅遗址（图 4-30）。良渚文化中尚无明确的陶鼓发现，但贵族墓葬延续了崧泽文化的传统，多有大口缸随葬，余杭反山墓地早期共有显贵墓 9 座，4 座随葬了大口缸。余杭瑶山墓地共发掘墓葬 13 座，随葬陶缸者 9 座。已有许多研究者指出，以往定为漏器、漏缸、罐和缸的陶器，实际是陶鼓，只是由于作为鼓面的皮革等朽坏无法辨识而被归于普通陶器中。山西陶寺遗址的发掘，出土了明确的陶鼓（图 4-31），填补了空白。出土陶鼓的 M3002 正是 1983 年发掘的 6 座大型墓葬之一，已发掘的墓葬总数高达 405 座之多[3]，金字塔

---

[1] 黄厚明、陈云海:《中国史前音乐文化状况初探》,《中原文物》2002 年第 3 期。
[2] 费玲伢:《新石器时代陶鼓的初步研究》,《考古学报》2009 年第 3 期。
[3] 中国社会科学院考古研究所山西工作队、临汾地区文化局:《1978—1980 年山西襄汾陶寺墓地发掘简报》,《考古》1983 年第 1 期。

结构极为明显。

前文提到的临汝阎村彩绘陶缸，口沿外卷下方有一凹痕，附有明显的冒丁，但平底不中空，有可能是被当作陶鼓来制作的。那么良渚文化的陶器，比如贵族随葬的大口缸是否有可能是鼓呢？从判定陶鼓的基本标准来看，鼓匡中空，上部有革丁、凸棱或造型上的转折，以便冒革后捆扎绳索绷紧。其次，器身中空或在器壁上留孔以便传声。从反山出土的大口缸来看，只有反山 M15：41（图 4-32）口沿可辨，至肩部有转折，或可冒革。瑶山墓地中 M4 和 M9 出土陶缸器形（图 4-33、图 4-34）可辨。从材质来说均为夹砂红陶，较为粗疏，并不适合反弹声音，且 M9：82 陶缸有底部，器壁无镂孔；其次，以崧泽文化和良渚文化出土的缸来看，缺少其他流域考古学文化陶鼓上较常见冒丁，也没有中空或者镂孔。

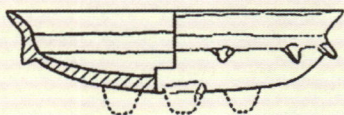

图 4-29　陶鼓（凌家滩 87M15：4）

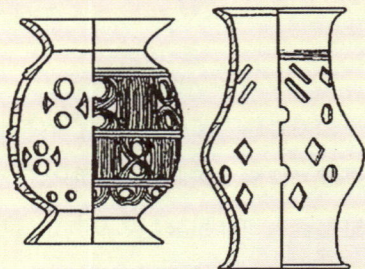

图 4-30　花厅 M23：37 及 M50：68

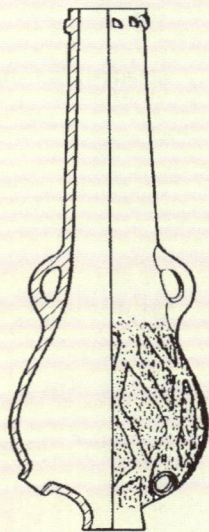

图 4-31　陶鼓

（陶寺 M3002：53）

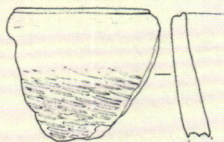

图 4-32　缸残片（反山 M15：41）

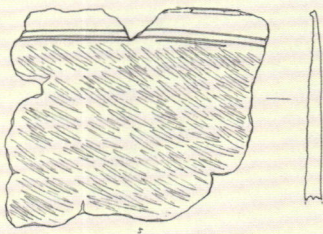

图 4-33　缸残片（瑶山 M4：42）

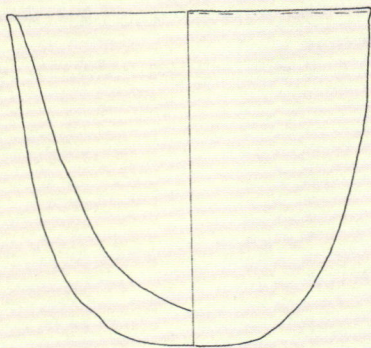

图 4-34　缸（瑶山 M9：82）

图 4-35　铜鼓①

　　方向明提出，符号④为我们探讨良渚文化时期鼓的形象提供了一点线索。它与后世的铜鼓（图 4-35）和瓷鼓（图 4-36）在外形上存在一定的相似性。中部两条竖线可能是用来绷紧鼓面之用。从符号③的分析可以知道，刻画看似随意，有不少飞笔，其实精确地呈现了摹绘对象的主要特点。但符号④缺乏对冒丁的摹绘，也看不出冒革的现象。

----

① 　图片出自中国国家博物馆编：《中华文明：〈古代中国陈列〉文物精粹》，北京：中国社会科学出版社，2010 年，第 384 页。

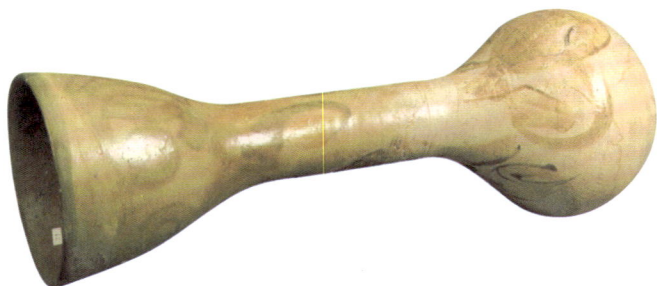

图 4-36　广西永福窑田岭窑址出土瓷鼓^①

良渚文化以玉器闻名，而玉器最重要的刻纹即为神徽（图 4-37），种种玉礼器都与之有关。神权与王权的深度结合，是良渚文明的一大特色。信仰如此单一而强烈，巫觋头戴羽冠和倒梯形面具，在宗教仪式上除了服用致幻剂，以音乐助兴理应有之。作为打击乐的鼓节奏鲜明、清晰，显然更适合这种场合。《礼记·礼运》载："夫礼之初，始诸饮食，其燔黍捭豚，污尊而抔饮，蒉桴而土鼓，犹若可以致其敬于鬼神。"土鼓，即陶鼓。

是鼓非鼓，还有待今后田野考古的突破。

① 图片出自张柏主编：《中国出土瓷器全集·10》，北京：科学出版社，2008年。

图 4-37　反山 M12 : 98 琮王直槽上的神徽

5. 符号⑤

符号⑤（图 4-38）与符号②一样，太简单了，也正因为简单，就可以与其他符号和具体的器物产生诸多联想。比如其可能是矛的象形字①、带有长柄的剜木工具②、表示射箭的方向③等等。黄盛璋先生则考

----

① 于省吾：《关于古文字研究的若干问题》，《文物》1973 年第 2 期。
② 唐兰：《关于江西吴城文化遗址与文字的初步探索》，《文物》1975 年第 7 期。
③ 陆思贤：《神话考古》，北京：文物出版社，1995 年。

图 4-38　符号⑤照片及摹本

证应该是原始房屋的象形："人"似屋顶，"丨"表立柱。[1] 同样的符号作为单体的有不少，作为组合符号的却少之又少，缺少比较的对象。

　　作为猜测，或许是箭镞或者矛一类，符号③确认为钺无疑，那么符号⑤理解为镞、矛一类的武器，也就不那么突兀了吧。

....

① 　黄盛璋：《"个"形释意》，《中国文物报》1989 年 5 月 26 日第三版。

（三）小结

虽然把 5 个符号能解释的都尽可能联系相关资料描述了一遍，那么，连起来是什么意思呢？实在抱歉，我们连顺序是自左向右还是自右向左都还没搞清，更遑论这组符号整体想表达的意思。不过尽管如此，"出身"还比较卑微，却丝毫不妨碍我们将这件贯耳壶摆在一个很高的地位。如果这件贯耳壶能够在直线距离 10 千米都不到的昆山赵陵山遗址出土，再大胆假设，作为赵陵山 M77 随葬品中的一员，恐怕我们还会将它捧到一个更高的地位上去。因为赵陵山 M77 是整个遗址中等级最高的一座贵族墓。

迄今为止，良渚文化刻画符号出土资料截止到 2014 年，共计 750 余个符号、340 余类，无一出自高等级大墓。上海吴家场墓地简报发表于《考古》2015 年第 10 期，公布了 M207 和 M211 两座良渚文化墓葬出土的刻画符号。M207 : 98 甗（图 4-39），夹砂红陶，盖有环形着手，上有类似"川"形的刻画纹，口径 13.5 厘米、通高 24.3 厘米。M207 : 95 豆（图 4-40），泥质黑陶，斜直口、折腹，豆盘略有变形倾斜，喇叭形高豆柄，豆盘内有一刻画符号，口径 17 厘米、圈足径 14.7 厘米、高 22.8 厘米。M211 : 3 圈足盘（图 4-41），泥质黑陶，敞口，唇沿内卷，坦腹，喇叭形圈足外撇。盘内有一刻画

符号，口径 23.4 厘米、圈足径 17 厘米、高 8.1 厘米。M211：22 圈
足盘（图 4-42），泥质黑陶，带盖，大喇叭形盖钮。盘内亦有一符号。
口径 22.4 厘米、圈足径 16 厘米、通高 15.7 厘米。

M211 有随葬品 46 件，玉礼器仅璧 2 件，另有玉镯 1 件。锥形
器共 5 件，2 件分置脚端和手部，另 3 件因被叠压，简报中未交代具
体位置，即便突破地域特点成组分布于头部，也符合良渚小贵族的用
玉规格。M211：3 和 M211：22 上的符号相同，呈内弧的菱形，载
体均为圈足盘，部位也一样位于盘面而不是豆盘底部，有可能是表明
器物归属或者区分墓主人身份的一种符号。

M207 是吴家场墓地最高等级的墓葬，随葬品共计 308 件，殉狗
6 只。玉器中，琮、璧各 1 件，钺一如既往的多，达 6 件。相比余杭
反山、瑶山墓地，其琮、璧数量不多，质量也不高。引人瞩目的是两
件象牙权杖，其中 M207：61，出土于墓主右侧，主体为象牙剖制而
成，呈片状结构，下端有突出的榫状结构正好可插入镦部，通长 90.5
厘米，榫长 4 厘米，镦部长 10.3 厘米，宽 9.2 厘米。主体琢完整的神
人兽面像 10 组。这是浙江余杭良渚古城遗址范围以外唯一的一件带
有神徽的器物，虽然不是玉质，也足以说明墓主地位了。发掘者将其
称为"权贵大墓"，当之无愧。两件刻符陶盘都在墓主腿脚部位，与其

图 4-39（左）　甗（吴家场 M207：98）
图 4-40（右）　豆（吴家场 M207：95）

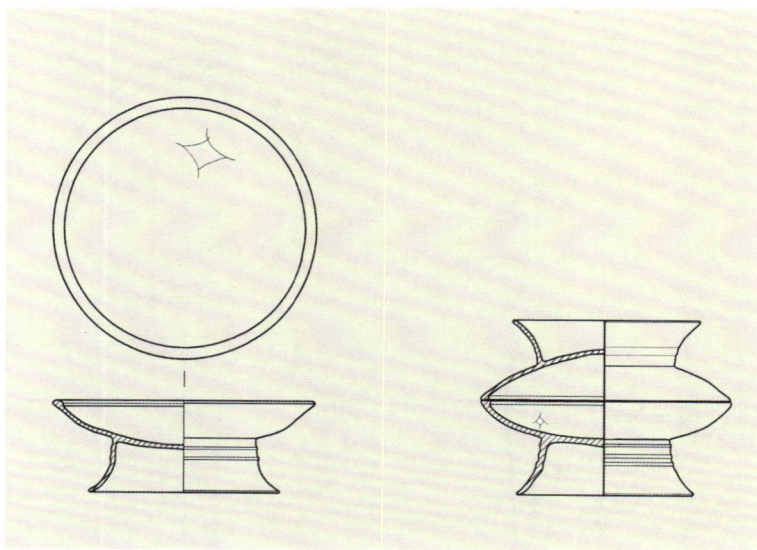

图 4-41（左） 圈足盘（吴家场 M211：3）
图 4-42（右） 圈足盘（吴家场 M211：22）

他陶器无异，并无出奇之处。M207：95 陶豆上的符号位于盘面偏于一侧，性质可能和 M204 刻符陶盘一样。像余杭北湖遗址所出陶豆面上的一组符号，性质显然是以展示为主。而陶瓢盖子捉手上的符号，恐怕和制陶工序有很大关系，或为烧制时区分归属或为装配之用。

海宁金石墩 M12∶10 是一件带盖陶鼎，形制与吴家场 M207∶98 相似，也属良渚文化晚期。两个符号分别位于盖把手和 T 形鼎足足侧。盖把手和鼎足上的符号都为"×"形，我们认为这是制陶时配对用的。又如金石墩 M8∶12 为带盖簋，在簋底部和器盖捉手上各有一个相同的符号，均为烧后刻。类似的例子还见于海盐仙坛庙 M17∶33－2 陶鼎、M122∶9－2 陶鼎和 M133∶4 陶鼎，都是两个鼎足上各有一个相同的符号。这也是良渚文化时期流水化制作陶器的一个证据。

从目前证据来看，这些陶器上的符号仅仅是器物制作、装配时的一个标志，换句话说，这些符号其实与墓主人并没有什么关系，尤其是显贵大墓。750 余个符号中，我们对资料发表较为详尽的 656 个符号进行了分析，发现约百分之六十的符号都位于器物的底部，约百分之八十都是烧前刻画的。大部分符号在制作之时就已经完成了。从符号载体的质地来看，玉器仅占百分之三，绝大多数都为陶器，石器次之。良渚时期的符号很有可能带有阶层性，我们现在发现的符号，能够与显贵大墓的墓主人联系起来的少之又少。仅有的一例，吴家场 M207 中，两个符号与墓主人也没有表现出很强的关联性。作为一个成熟文明社会的顶层人物，他们当然使用各类符号，但是迄今尚无发现。

反山 M12 和寺墩 M3，地理距离约 500 公里，时代上一个为良渚文化早期晚段，一个为良渚文化晚期晚段，相距约 500 年。两者表现出了相同的葬仪，大琮都位于头部左侧且形制基本一致。目前良渚文化的大琮，除了反山 M12：98 琮王，二号和三号琮都出自寺墩遗址，二号琮尺寸与琮王相差无几。如果说在良渚文化晚期，玉琮越来越高，纹饰越来越简化，与早期的琮一起形成了一个明显的演化链条，那么，寺墩的良渚人如何会在 500 年后依然制作与琮王几乎一样的大琮，而且还知道要放在头部左侧呢？无疑，当时存在着文字档案，其载体有可能是有机质地，很难保存下来，所以才未被我们发现。

在吴家场 M207 墓地象牙权杖没有发现之前，关于玉琮的简化，有一种观点以为除却玉料变差、工艺退化，还有个原因是当时的玉工已经不知道完整的神人兽面像是什么模样了。这件权杖的出土，说明当时是有档案留存的。虽然我们还能找到玉琮在传播过程中产生的一些邯郸学步的例子，比如玉架山玉琮和高城墩玉琮的不像与像。但我们可以明确地认为，空间距离不是问题，时间才是学习、传承的最大问题。解决这个问题的方法，无疑就是依靠成组的符号乃至原始文字的书写。

又如良渚古城三重结构和外围水利系统的建设，目前检测到的最早碳十四数据在高坝系统，距今约为 5100 年。根据近三百个测年数据，古城系统的主体结构和建设高峰是在距今 4850 年到 5000 年完成的。整体工程高达 1000 余万立方米的土石方量，在短短 150 年里一丝不苟地被切实完成。首先兴建高坝和低坝，方便运输山中的木料、石料等资源，同时也能改善山间平原等湿地环境，方便下一步的土台堆筑。在距今 4900 年左右，高低坝形成一定规模、开始发挥作用后，莫角山土台开始堆筑，土方量约在 220 万立方米。反山墓地也在此期开始兴建。在距今 5100 年开始建设高坝之际，这项史前超级工程的领导者们已经在瑶山建设好了他们的墓地。在距今 4800 年左右，两个墓地的墓主人（有可能代表了两个政治集团）发生了权力交替，最终，由反山集团代表的政治势力完成了整个良渚古城的建设。可惜的是，目前尚无法检测到古城城墙的建筑年代，我们只能通过叠压在古城城墙的晚期堆积推出城墙的使用年代约为距今 4500 年。

无论从时间线还是逻辑上说，良渚古城系统的规划者首先从高坝入手，解决了建筑材料的运输问题，改善了工地的水文大环境，然后开始古城主体即三重结构的建设（第三重外城倒不一定是在规划之初就有的，可能是随着人口发展，围绕着内城自然形成的一周高地）。如此大的工程，规划者、管理者和执行者是依靠什么来确保规划、设计的每一步都能落到实处呢？如果是西南地区传承至今的史诗传唱，恐怕无法完全让人信服。结合良渚文化如此之多的刻画符号，载体多样，内容丰富，我们完全有理由相信，良渚王国的上层社会，使用着专属于贵族甚至是显贵阶层的符号体系。庄桥坟遗址出土的刻符石钺、散布于各地的刻符玉璧，为我们了解贵族阶层内的这套（乃至多套）符号体系拉开了一条口子。

庄桥坟刻符石钺的复杂性，首先在于符号组成上，象形符号与抽象符号组合。其次在出土单位上，在疑似祭祀坑中，呈破碎形态，有如少卿山 M9 疑似祭祀坑的破碎刻符玉璧，为我们推测贵族内部的符号提供了猜想的可能。当然，要注意的是，庄桥坟整体风格与沪西—苏南地区类似，譬如陶器中鼎、豆、壶的组合，男性墓中一墓多钺（石、玉）的现象，良渚古城系统内玉礼器的独特性，也都暗示了在良渚文化贵族内部，符号的使用与其区域类型一样，有着地域特色。

回到前文提到的符号，其目前无一出自高等级大墓，难道墓主人作为当时的领导者、管理者，在制陶业都普遍使用符号进行作业的情况下，他们在复杂社会化、阶层分化的大背景下，会不使用符号体系和原始文字来管理这么庞大的聚落群？又比如玉器上的 26 个神徽及据此发展的神人兽面像，应该都是有样本以供玉工遵循、参考的。更为复杂的政治、军事活动，恐怕也是如此。

　　不见符号存在多种可能。一是符号和原始文字被刻画、书写于有机质上，如丝制品、漆器等有机质上，很难保存下来。二是此类符号或者说档案体系由专人负责书写、保管，因此不见于大墓中。许多相通的符号由于用陶器作为载体，比有机质容易保存反而保留了下来。

二 余杭安溪百亩山刻符玉璧

　　玉璧（图 4-43）直径 26.2 厘米、孔径 4.2 厘米、厚 1.2 厘米，
体形硕大、外廓规整、两面打磨光滑，完全符合良渚文化晚期玉璧的
特点。1989 年出土于浙江余杭安溪镇（今属良渚街道）百亩山遗址。
为了叙述方便，把左侧的符号编为 A，右侧的符号编为 B。

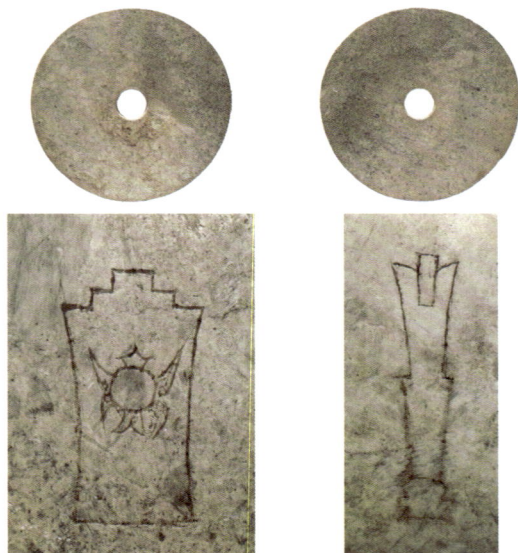

图 4-43　安溪征集玉璧及其上面的符号 A（左）和 B（右）

图 4-44　刻符玉璧（福泉山 M40：111）

图 4-45　刻符玉璧（玉架山 M16：22）

　　它的外形非常典型，时代也很清楚，更难得是有明确的出土地点，唯一遗憾的就是非考古发掘出土，缺少对其出土单位的了解。迄今考古发掘出土的刻符玉璧仅 5 块，分别出自上海福泉山（图 4-44）、浙江余杭玉架山（图 4-45）、江苏昆山少卿山灰坑（祭祀坑）（图 4-46、4-47）和江苏兴化蒋庄（图 4-48）等遗址，少卿山灰坑为两件破碎的残片。非考古发掘出土但带有出土地点的除了这块百亩山玉璧，还有苏州草鞋山刻符玉璧①。

....

①　现场征集，目前没有清晰的图片和详细的文字资料。见《吴中文物》第 180 页，上海：上海科学技术出版社，2004 年。

图 4-46 刻符玉璧残片（少卿山 M9：8）

图 4-47 刻符玉璧残片（少卿山 M9：9）

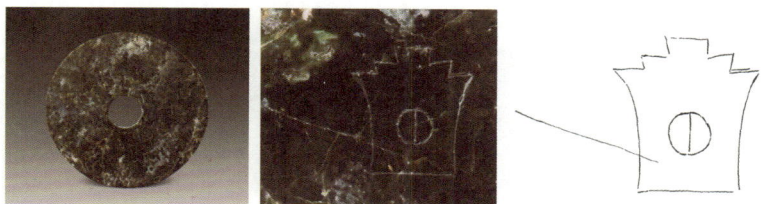

图 4-48　蒋庄刻符玉璧

　　加上传世品，海内外刻符玉璧共 16 件（详见表 4-1①），其中台北故宫博物院和美国弗利尔美术馆藏刻符玉璧是较早被认识并介绍的。随后的考古发掘和征集，也明确了玉璧刻符的主体为鸟立高台，可分解为 5 个元素：鸟身、联珠、立杠、高台和台内填刻。除了弗利尔美术馆所藏玉璧符号较为完整，其余符号多少都有所取舍，主要表现于联珠、立杠及高台内填刻的变化。

①　北京故宫博物院藏玉璧之一，直径 22 厘米、孔径 4.6 厘米，"璧两面均以浅细阴刻线刻有图案符号，因日久线条模糊，已无法辨别"。未见清晰图片，暂不讨论。资料见《中国传世玉器全集 1：新石器时代·商·西周·春秋·战国》，北京：科学出版社，2010 年第 30 页。

表 4-1　海内外刻符玉璧

编号	描述	来源	资料出处	是否考古出土
1	M40: 111, 直径 23 厘米, 孔径 5.6 厘米; 符号 1 个, 高 2.3 厘米, 宽 1.6 厘米	上海青浦福泉山	《上海考古精粹》, 上海人民美术出版社, 2006 年	是
2	M9: 9, 现存最宽处 19.0 厘米, 复原最大径 25.4 厘米, 复原孔径 2.90～3.40 厘米; 符号 1 个	江苏昆山少卿山	王华杰、左骏:《昆山少卿山遗址新发现的良渚玉璧刻符》,《东南文化》2009 年第 5 期	是
3	M9: 9 厘米, 现存最宽处 6.25 厘米, 复原直径 29.46 厘米, 复原孔径 3.2～4.0 厘米; 符号 1 个			
4	M16: 22, 直径 24.7 厘米; 符号 2 个	浙江余杭玉架山	《良渚文化刻画符号》, 上海: 上海人民出版社, 2015 年	是
5	M36: 1; 符号 1 个	江苏兴化蒋庄	《江苏兴化、东台市蒋庄遗址良渚文化遗存》《考古》2016 年第 7 期	是
6	直径 25.9 厘米, 孔径 5.3 厘米; 符号 1 个, 位置不明	江苏苏州草鞋山	《吴中文物》, 上海: 上海科学技术出版社, 2004 年	否
7	符号 2 个	浙江余杭百亩山	《文明的曙光》, 北京: 中国社会科学出版社, 2004 年	否

续表

编号	描述	来源	资料出处	是否考古出土
8	直径 24.6 厘米, 孔径 3.4 厘米； 符号 1 个	浙江余杭朱皇庙	《良渚文化刻画符号》	否
9	符号 1 个	良渚博物院	《良渚文化刻画符号》	否
10	符号 1 个	上海博物馆	《上海考古精粹》	否
11	直径 13.17～13.44 厘米, 孔径 2.16 厘米； 符号 1 个, 位于近边缘处, 不正对穿孔	台北故宫博物院	《故宫博物院藏: 新石器时代玉器图录》, 台北: 故宫博物院, 1992 年	否
12	直径 17.6 厘米, 孔径 4.65 厘米； 符号 1 个	美国弗利尔美术馆	《玉器时代: 美国博物馆藏中国早期玉器》, 北京: 科学出版社, 2009 年	否
13	直径 24.5 厘米, 孔径 3.77 厘米； 符号 1 个	美国弗利尔美术馆	《玉器时代: 美国博物馆藏中国早期玉器》	否
14	直径 31.45 厘米, 孔径 3 厘米； 符号 1 个, 位于穿孔正上方	美国弗利尔美术馆	《玉器时代: 美国博物馆藏中国早期玉器》	否
15	直径 23.6 厘米, 孔径 4.2 厘米； 符号 2 个, 位于穿孔正上方	美国弗利尔美术馆	《玉器时代: 美国博物馆藏中国早期玉器》	否
16	直径 32.5 厘米； 边沿阴刻回纹四组和飞鸟两只	英国伦敦维多利亚与阿伯特博物馆	《英国国立维多利亚阿伯特博物院中国古玉藏珍》, 南宁: 广西美术出版社, 2006 年	否

图 4-49　上海博物馆藏刻符玉璧

　　符号的位置主要位于穿孔正上方，略近于外缘。还有两类，比如玉架山玉璧刻符，符号就没有正对穿孔，在外缘凹陷处也有一处符号，从结构来看，更似是一个标记。同为上海博物馆 20 世纪 70 年代收藏的传世品（图 4-49），符号就为一个完整的鸟立高台形象，同样不见联珠。考虑到弗利尔是于 20 世纪初在国内集中收买的，有理由相信，弗利尔多块刻符玉璧是在同一区域出土而被盗卖的。从这一点来说，刻符玉璧或许有一定的地域性，下文还会提及。

图 4-50　台北故宫博物院藏刻符玉璧

　　台北故宫博物院有一块较小的玉璧（图 4-50），鸟立高台符号相当于斜着刻在近外缘处。其直径仅 13.44 厘米，是原器残破后改制的，因此符号没有位于新穿孔的正上方。

　　本节主角，百亩山玉璧符号也是正对穿孔，然而却是在穿孔正下方，紧贴外缘，两面相背各一个。符号 A 为常规的高台形符号。此种造型的符号在良渚文化中分布广泛，在陶器上就有表现，如湖州塔地遗址所出陶罐（图 4-51）以及叭喇浜遗址所出陶豆（图 4-52）上的符号。

191

图 4-51　刻符陶罐（塔地 7N6E4H8：11）

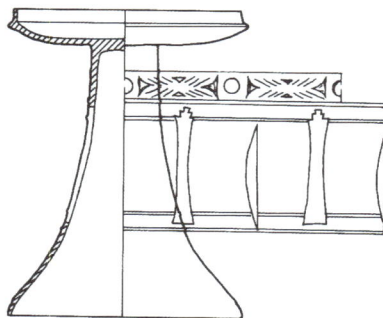

图 4-52　叭喇浜陶豆

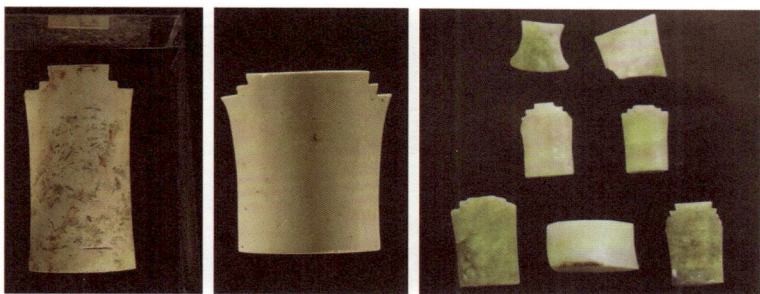

图 4-53　好川及老鼠山台形玉片

　　高台造型，除玉璧上以符号呈现，直接以玉器外形出现的还见于浙江遂昌好川遗址、老鼠山遗址[①]（两者均属好川文化，图 4-53）及山东莒县陵阳河大汶口文化墓地中。两省三地的玉片造型外凸，呈曲面的阶梯状高台，素面，不见立鸟。同时，我们也可以看到在草鞋山、福泉山、玉架山、少卿山和蒋庄等遗址出土的玉璧上，符号均以高台形式出现，不见立鸟。说明，这并不是符号在交流、传播过程中的省略，在良渚文化内就可以看到省略立鸟的，高台内的填刻也可以阙如。

<hr />

[①]　浙江省文物考古研究所：《好川墓地》，北京：文物出版社，2002 年；王海明、孙国平等：《温州老鼠山遗址发现四千年前文化聚落》，《中国文物报》2003 年 5 月 28 日第 1 版。

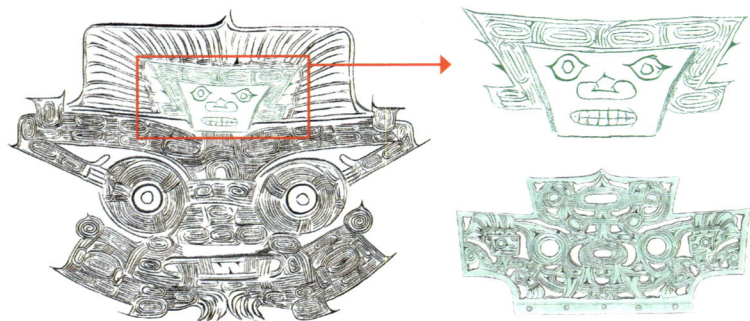

图 4-54　反山 M12：98 琮王上神徽的羽冠与反山 M16：4 冠状器的类比图

　　另外一类器形接近的就是普遍随葬于大小贵族墓葬内的冠状器。冠状器在反山发掘之初，其下有带有铆销孔的横槽，有机质已腐烂，无法确认其功能，遂根据其外形类似神徽的羽冠而定名为冠状器，以反山 M16：4 为典型（图 4-54）。1999 年海盐周家浜遗址发现了一件完整的冠状器，其下带有象牙质梳齿，因而终于明确了其功能。冠状器虽然等级标识意义较弱，只要是个贵族就可以随葬，位置也很明确，都是位于头部的，且仅一件（迄今只有寺墩还是福泉山有个例外，下葬了两件），本身又是模仿羽冠形制；但是正因为其分布广泛，说明了它的重要性。上面的纹饰并不重要，外形才是其存在的意义。

琮作为礼制重器，只有显贵墓葬才能随葬，上面琢刻的简化神人兽面像自然代表了统一信仰在贵族内部的通行。那么如何照顾到中小贵族的情绪呢？这就是冠状器的作用。而且从瑶山 M9 的叠压关系来看，冠状器可能并不是真的在下葬时佩戴于墓主头部，而只是放置于一边。同样的情况也可见瑶山 M7 墓主头部成组锥形器的摆放，其呈束状出现，又如特供贵族的花石钺，学名为强熔结凝灰岩质，下葬时并不装柄，但是在穿孔周围却模拟捆绑方式进行彩绘，原料为朱砂（反山 M14 石钺测得）。

反山、瑶山墓地之所以等级高，除了体现于琮、钺、三叉形器、成组锥形器、璜组配（管串和圆牌）等组合，还有个重要标志就是神徽的数量。良渚文化目前共发现玉器上的神徽 26 个，全部都在这两座墓地的玉器上，反山占了 23 个，其中 M12 高达 18 个。而上海吴家场近年在 M207 的象牙权杖上发现了 10 组神徽，是良渚古城以外仅有的分布。

神徽的完整形态，除了神人和兽，其实还包括双鸟—神人兽面像组合。一般形象地称呼在转角简化神人像两侧带有鸟纹的琮为鸟琮，数量更为稀有。据不完全统计，海内外共有良渚文化玉器数万件，而琮不到 300 件，鸟琮的数量为 4 件——反山 M12（图 4-55）、M20，

图 4-55　反山 M12 琮王转角处神人兽面和双鸟组合

福泉山和吴家场墓地各 1 件。双鸟—神徽组合在反山、瑶山其他礼制
重器上同样出现，其中就包括了冠状器。

图 4-56（左）　冠状器（花厅 M42：1）
图 4-57（右）　冠状器（新地里 M124：12）

　　可以说，只要是良渚文化分布范围内，就有冠状器。最有说服力的例子为江苏新沂花厅遗址（图 4-56）。对于该遗址的性质，主要有"碰撞与征服"和"文化两合"两种观点。[①] 在北区良渚文化因素为主的墓地中，发现了和浙江嘉兴新地里墓地（图 4-57）相同形制的冠状器，但其外形已经有了较大的不同。

----

① 　严文明：《碰撞与征服——花厅墓地埋葬情况的思考》，《文物天地》1991年第 6 期；高广仁：《花厅墓地"文化两合现象"的分析》，《东南文化》2000年第 9 期。

图 4-58　反山 M17 冠状器

　　另外从神徽的逐步简化过程来看，最终神人隐去，而兽面得到了保留。但最重要的是神人的介字形羽冠以尖顶的形式安到了兽面的眼梁之上，反山 M17 冠状器（图 4-58）上即琢刻了眼梁带有尖顶的兽面和左右双鸟。从双鸟—神人的组合发展到双鸟—兽面的组合，说明了冠状器承载的礼制内涵。

　　所谓的神王之国，即神权与王权的结合，目光都集中于高等级贵族大墓中。事实上，作为上层统治者，除了稳定金字塔的最顶端，他

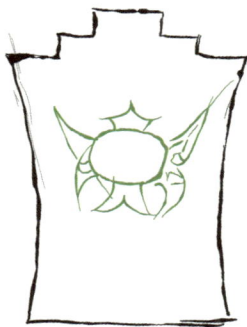

图 4-59　符号 A

　　们也时刻关注着中下层贵族的动态，通过冠状器的配发以及集团内部到处可见的高台形符号，时刻灌输着这种信仰。

　　高台内的填刻（图 4-59），或为神鸟，或为太阳，或为巫觋。邓淑蘋以为这一图像极可能是描述一只背载着太阳翱翔的神鸟。鸟儿飞翔时，常因顺应气流方向，双翼向前后交替扇动。自某些角度观之，双翼似为向上扬起，这也是较原始的艺术表现方式。[1] 饶宗颐认为是

---

① 　邓淑蘋：《中国新石器时代玉器上的神秘符号》，台北《故宫学术季刊》1993 年第 10 卷第 3 期。

"有翼太阳"，可追溯到河姆渡 6000 年前双凤朝阳的雕刻牙牌。"有翼太阳"是权力集中和宗教意识趋向统一的表征。埃及、赫梯、亚述等地文明皆采用这种图像作为纪念碑及图章上的装饰物。[①]刘斌认为应该是跳舞的巫师形象。中心是扁圆的腹部，上部应是戴冠的人头，左右分开的广袖，如同舒展的鸟翅。针对刻符玉璧出现于良渚文化晚期，而瑶山、汇观山和福泉山等高大的阶梯状祭台多建于良渚文化的早中期，他指出玉璧上台形符号的出现正是祭神活动走向衰落的一种表现。[②]

　　有的填刻还以圆形呈现，如蒋庄 M36：1 玉璧上的高台符号，左侧一条斜线不知是飞笔还是有意刻画，若是后者，或与玉架山玉璧上的符号不谋而合。百亩山高台内填刻中间为扁圆形，长轴横置。良渚博物院藏玉璧刻符同样如此。如果按负日的神鸟或"有翼太阳"来解释，可以理解为这是日出或日落时的太阳，由于大气层是圆弧状包裹地球的，光线穿过大气层产生折射，所以看起来此时的太阳是扁的。

---

①　饶宗颐：《有翼太阳与古代东方文明——良渚玉器刻符与大汶口陶文的再检讨》，原载《明报月刊》1991 年，收入《饶宗颐二十世纪学术文集〔第一册〕》，台北：新文丰出版股份有限公司，2003 年，第 71—84 页。
②　刘斌：《神巫的世界》，杭州：杭州出版社，2013 年，第 112 页。

任何光线穿过大气层时，都会发生折射现
象，包括阳光、月光、星光。

　　反山 M15 和 M17 出土玉鸟，背部正是
椭圆形的造型，长轴为纵向。上海博物馆藏
玉璧上的符号，高台内填刻又是茧型，中部
上下两条线平行，两端圆弧。太阳亘古未变，
新石器时代的人们和现代的我们，日出、日
落看到的太阳也不会有什么区别。那么视此
填刻为太阳的观点，是否需要修正呢？

　　符号 B（图 4-60），可以说是良渚文化
目前仅见。从整体构形看，底部有一横线将
符号分为上下两个部分。下部将其看成一个
基座未尝不可。上为两个分叉，中有一个长
方形物，整体类似牙璋一部，下方类似六角
形，左右两侧伸出。目光所及，在良渚文化
中都见不到同类符号或者器物。仅以外形比
较，其与遂昌好川 M60 出土的台形曲面镶
嵌玉片（图 4-61）最为接近。

图 4-60　符号 B

图 4-61　遂昌好川 M60 台形曲面镶嵌玉片

刻符玉璧的内涵

考古发掘的 5 件玉璧，除少卿山两件残片是出于祭坑性质的单位，其他 3 件完整器均作为随葬品出于墓葬中，分别为上海青浦福泉山 M40、浙江余杭玉架山 M16 和江苏兴化蒋庄 M36，这 3 座墓从等级来看，都不是太高。

如福泉山 M40 随葬品共 120 件，其中玉器共 99 件，主要有钺 3 件、琮 3 件、璧 3 件、锥形器 3 件、套管 1 件、珠 21 件、管 4 件、鸟首 1 件、柱形器（残）1 件、镶嵌小片 59 件；陶器共 13 件，鼎 2

件、豆 2 件、阔把壶 4 件、盉 1 件、簋 1 件、罐 1 件、器盖 2 件；石器共 7 件，其中斧 1 件、钺 5 件、刀 1 件；漆器 1 件。

浙江余杭玉架山发掘简报尚未发表，对随葬品情况不清楚，当不会超过等级较高的 M200。

蒋庄 M36 为二次葬，玉璧紧贴女性墓主人下颌，脚部有几件陶器。

相比而言，福泉山 M40 等级最高，玉器中除钺随葬较多，可能是上海地区（包含嘉兴—桐乡之一部、苏州地区等）良渚文化特色之外，琮仅 1 件，为蛇纹石假玉。璧只有 3 件，成组锥形器主要出现于良渚古城遗址范围，在 M40 中 3 件玉锥形器也不成组。陶器中组合主要为鼎、豆、罐。整体等级约相当于反山 M16、M21。

蒋庄遗址，发掘者认为其葬俗与良渚文化遗址有较大差异，墓圹与随葬品有较大的反差。M36 墓圹狭小，随葬品中玉器仅有 1 件玉璧，余为寥寥几件陶器堆于脚端。玉璧的等级标示虽没有琮、钺等强，但至少也需要其他玉礼器配合，才能构成一个墓主人完整的地位象征。成组锥形器、三叉形器等具有较强的地域性，仅限于良渚古城遗址区域，往东至嘉兴、沪西，往北至湖州宜兴都不见，其他类型玉器都有分布，具有共性。但该墓可以说一无所有，构成巨大的反差，为探讨玉璧刻符的内涵提供了新角度。

玉璧刻符仅见于良渚文化晚期，出土单位有墓葬和疑似祭坑。少卿山遗址南端遭到破坏，祭坑北部为墓地，南部紧邻被破坏的断面，当与墓地有密切的关系。破碎的玉璧说明可能有碎器行为。寺墩 M3 就有相同的情况，只是组织下葬的人将打碎的玉琮分置于墓内，而少卿山则集中于一个坑内。这其中的区别，可能是寺墩 M3 墓主人地位高贵，而少卿山墓地相对低级，因此碎器可能代表的祭祀意义为这片墓地所共有。

为什么符号会在良渚文化晚期出现呢？与早期出现并一以贯之的神人兽面像是什么关系呢？晚期为什么集中出现于玉璧上呢？而且符号种类多样，位置也没有完全固定。这是统一信仰的崩坏吗？是良渚王国衰落的前兆吗？种种疑问接踵而来，可是考古学家却无法一一解释个中原因。这是考古学必然的遗憾，也是其魅力所在。

近期，上海博物馆考古部宋建先生提出了一个新观点：这就是权力的争夺，贵族集团内部另立山头的表现，而失败者最终跑到了浙西山地的遂昌，于大山中落下脚来，他们留下的物质遗存之一，被今天的考古学家命名为好川文化。[1] 因此，我们才在好川墓地中发现了惊人相似的台形镶嵌玉片，记载了这一段政治斗争。

---

[1]　宋健：《浙江余杭百亩山玉璧的图形符号和良渚文化的太阳信仰》，http://kaogu.cssn.cn/zwb/xsdt/xsdt_3347/xsdt_3348/201901/t20190114_4810426.shtml。

三　几件刻纹石器的简介

　　刻符石器没有陶器那么普遍，且绝大多数刻纹石器上的图符形态，也超不过陶器上的图符范畴。在此，只选取 3 件较为特殊的刻符石器，以供欣赏。

（一）桐乡小六旺耘田器

　　这件耘田器（图 4-62）双面均有刻画图符，暂以 A、B 两面区别。不难看出 A、B 两面符号实际上是对称的。A 面比 B 面多了一个右上角的小圆圈符号，且在重圈符号内以圆弧四分的做法也不见于 B 面。两面重圈符号旁边的图符，其实是同样的形式，与陶器上类似图符比较的话，类似于新地里 G1 ②：118（见第二章图 2-82）和戴墓墩 M2：1（见第二章图 2-83）上的那类"鸟纹"。而鸟纹与重圈的配伍，又能联系到北湖 89C3-723（见第二章图 2-130）豆盘盘面的图符情形，这样，重圈符号也就可能被赋予类似的意义——太阳或眼睛之类。在这里，"鸟纹"下部有一组对角形符号，很难类比，但它可能只是"鸟"的一个附件。如前文所述，在良渚人的宇宙观里，鸟、眼睛、太阳之类的意象是被赋予神性的，照此说来，这件耘田器可能有

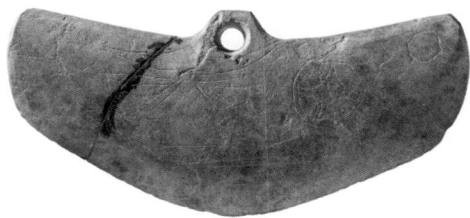

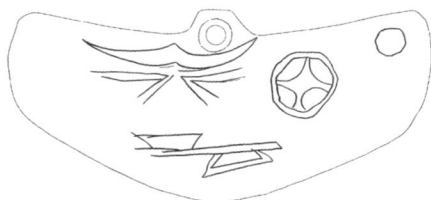

A 面

B 面

图 4-62　桐乡小六旺耘田器

特殊的作用，或者被寄予了特殊的愿望。

耘田器两面靠近刃部的符号，在形态上有较大的区别。A 面的这个符号像是一个正反两面装有刃部的带柄工具，而 B 面的符号也带有图画性质，像是一组弯折的同向的木质支撑物，总之，这两个符号大约均是表现工具的意象。目前，由于耘田器的具体功用还是一个学术界的争论点，作为一种石质工具，我们还说不清它具体承担着什么工作。如此，也就失去了参考靠近刃部的这两个符号意义的依据。

（二）平湖庄桥坟石钺

庄桥坟石钺 H41：1（图 4-63）正反两面均有残存的刻画符号，这是良渚文化大量刻符中最接近文字形态的，同类者还有庄桥坟的另一件石钺 T101 ②：10（图 4-64）。尽管不了解这些符号的含义，但从直观上看，似乎逆时针旋转 90°后的符号形态更接近今人对于汉字的印象。尤其是图 A 面旋转后顶部的那个符号以及 B 面旋转后右侧的一列符号。这些符号与前述符号式的图符及图画式的图符均不相似，笔道较多且多为短画，没有明显的几何形状感，但各个符号独自成立，其笔道都各有一定的组合逻辑。若不以原始文字论，也实难归入其他的类别。

A 面

B 面

图 4-63　石钺（庄桥坟 H41：1）

A 面

B 面

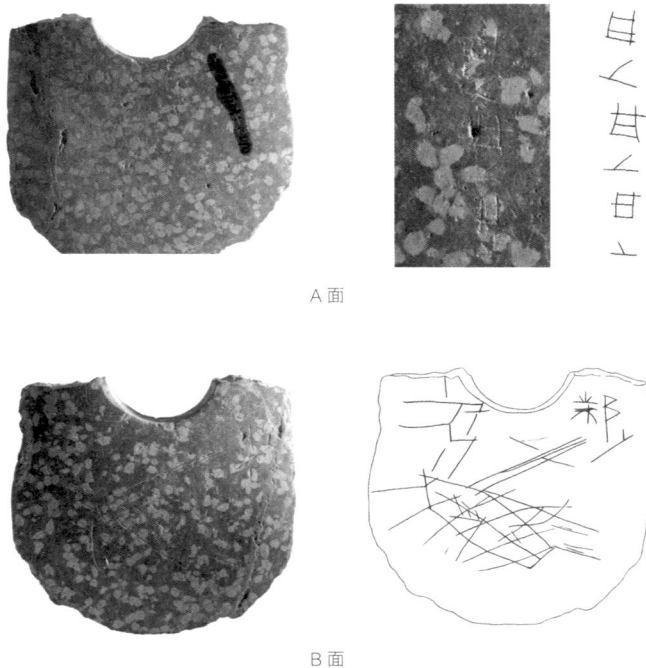

图 4-64　石钺（庄桥坟 T101 ② : 10）

　　无独有偶，庄桥坟石钺 T101 ② : 10 的 B 面右上角，也有一个类似的文字符号。但 B 面大面积刻画线条比较杂乱，似有图画式图符的意蕴，但具体难以辨认。

　　A 面的刻符比较简单，有纵向的一列共 6 个符号，布局完整，周邻没有别的线条或符号的干扰。因此，可以认为这一组符号应有一个完整的意义。仔细看这 6 个符号，其实是两种类型，自上而下，第一、三、五个是"甘"字形，第二、四、六个是"⊥"字形。其中，"甘"字形的符号各有些许不同，但似乎差别只在于手写体的个性上。然而，第二、四个"⊥"字形符号和第六个"⊥"字形符号，却在横上短画的方向上出现了差别。这是一个有意思的现象：首先，"甘""⊥"的组合重复三遍，就说明了这一组合不偶然；其次，"⊥"很可能通过形态的不同表达出了一组相对的或者相反的意义。以上属于形式分析，实实在在可以看得到。若要进一步研究，则又没有可用以类比的材料了。

　　回到载体本身，钺作为一种生产工具或者武器，本就有些不同于一般石质工具的意义。就像高等级贵族墓使用玉钺随葬以象征军权、王权，乃至神权一样，钺的重要性可见一斑。因此，鉴于钺、文字均是较高等级的象征，倘若以石钺作为原始文字的载体，可以认为合理。还有一些问题有待解答。比如，这些石钺上的原始文字是何时所刻？是石钺刚制作完成就被刻上了，还是石钺用废了以后才当作文字载体使用？情况不同，会导致研究这些原始文字意义时的研究方向不同。甲骨文最初作为卜筮工具之用，那在更早的良渚时期，罕见的原始文字也更应当用于极其重要之处。既然"国之大事，在祀与戎"，那良渚时期的原始文字是否也可以朝着"占卜""盟誓"这些方向去考虑呢？

结语　Conclusion

　　其实，啰啰嗦嗦了这么多，良渚时期是否存在文字这个问题，实在很难用"有"或者"没有"来回答。确切来说，暂时还未发现良渚时期可以为殷商甲骨文所接续的成熟的文字系统，但是，良渚时期未必没有文字的替代物，即能够发挥类似于文字功能的图符。当然，寻找这类图符是有难度的。因为我们很难通过目前掌握的材料，去判断这些图符具体表达的意义。即便是看着明明白白的图画形象，背后还有令人难以琢磨的创作动机。

　　除了想象与比附，从形式上对图符进行分析才应该是考古人的基本功。与所有的考古材料一样，图符的研究存在天然的局限性。首要原因是器物的残碎，这就造成了我们获得的许多图符形象不完整。倘若一些残底片上见到刻符，没准儿原先是个符号组，而我们只能见到残存的一个、半个。而如果是那些刻于器物肩部、腹部这些位置的图符，直到我们所见，更有可能只是一组别有深意的符号之一角。另外，见于器底或是盖钮部位的符号，通常由于处在圆周之内，无法确定其正置的方向，更不用说刻画上的个性导致的符号变形、笔画的紧凑或疏松。

　　比较这些表意的图符与装饰性的刻画纹饰，我们不难发现，后者的程式化程度更高；比较陶器上的刻符与玉器上的刻符，玉器上的刻符程式化程度更高。而我们对于程式化程度更高的图符，有着更强的阐释能力。这是因为，特定的程式反映出良渚人思维中一些规律性的东西，一旦为我们所掌握，便有了解锁良渚人某些观念的钥匙。其实，囊括了绝大多数表意图符的陶器刻符，也有许多固定的程式，我们仍然缺少综合研究与更为合理的分析归纳。固定的程式，可以代表一个成熟的观念。可以是单独的图符，也可以是图符的组合。而固定不等于毫无变化的重复，恰恰要在固定中出现变化，才能使得一种观念通过图符的形态得以巩固。如庄桥坟 T101 ②：10 石钺（见第四章图 4-64）的 A 面"甘""⊥"形图符的组合，即是这样的一个观念形态。至于观念的内涵，虽然很重要，但也不可操之过急。为何古文字学、民族学资料在研究原始符号上并没有太大的建树，原因之一还是考古材料的准备问题。考古人是最熟悉这些一手材料的，相信考古人对这些图符形象的感知最为深刻。如何准备材料，即如何做好图符的类型学，是个值得思考也值得期待的考古学问题。